―― 세상에서 가장 은밀한 계략 ――

독

들린₩비

독은 비밀, 속임수, 위험에 대한 것과
연관되어 있습니다.
독은 직접 대면하거나 감지하지 않고도 투여할 수 있기 때문에
교묘하게 해를 입히거나
타인을 은밀하게 살해하는 도구로 사용되었습니다.

〈독 ; 세상에서 가장 은밀한 계략〉은
문학과 신화, 종교, 전설 등에 등장하는 독과, 독의 종류,
독이 사용된 장면들을 다루고 있습니다.

치명적일 뿐만 아니라 세상에서 가장 은밀하게 사용되었던
'죽음의 도구, 독'에 대한 이야기 속으로
여행을 떠나 보겠습니다.

목차

독의 기원

독의 어원	15
독과 관련된 단어	17
인간과 독	18
독을 쓰는 이유 : 독의 특징	26
독의 상징성	28

독의 역사

독의 역사	43
고대 그리스와 로마의 독	47
고대 이집트의 독	61
고대 중국의 독	67
중세 시대의 독	71
르네상스 시대의 독	79
르네상스 이후와 산업혁명 시기의 독	83
현대의 독	89

독의 분류별 종류

독의 분류 방법	99
식물성 독	103
동물성 독	131
버섯 독	150
금속성 독	165
화학성 독	175
광물성 독	184
방사성 독	187
독을 담는 그릇	190

신화 속의 독
신화 속의 독 197
유럽 권역 신화 속의 독 199
중동, 아프리카 권역 신화 속의 독 213
아시아 권역 신화 속의 독 222
아메리카, 해양문화 권역 신화 속의 독 230
신화와 독 시퀀스 분석 237

문학과 구전 속의 독
문학에 등장하는 독 251
독이 언급된 명언과 속담 267

종교 속의 독
기독교와 독 277
불교와 독 281
힌두교와 독 291
이슬람과 독 299

다양한 분야에서 해석되는 독 이야기

    독의 문화인류학적 설명   307

    독살의 심리학적 시각   315

    연금술에서 다루는 독   319

    주술과 독   323

    마녀와 독   326

예술 속의 독

    그림 속에 등장하는 독   335

    조각 속에 등장하는 독   339

    독을 주제로 쓰는 아티스트   343

독의 주체자, 관계와 정치의 도구서로의 독

독과 정치	349
독살자와 독살사건 이야기	351
독과 젠더	373
Name Your Poison Day	379

참고문헌 385

"Here's to my love! [drinks the poison] O true apothecary,

Thy drugs are quick. Thus with a kiss I die."

[Juliet wakes up and sees Romeo dead]

"Poison, I see, hath been his timeless end.

O churl! drunk all, and left no friendly drop

To help me after? I will kiss thy lips;

Haply some poison yet doth hang on them,

To make die with a restorative."

[Juliet kisses Romeo's lips and dies]

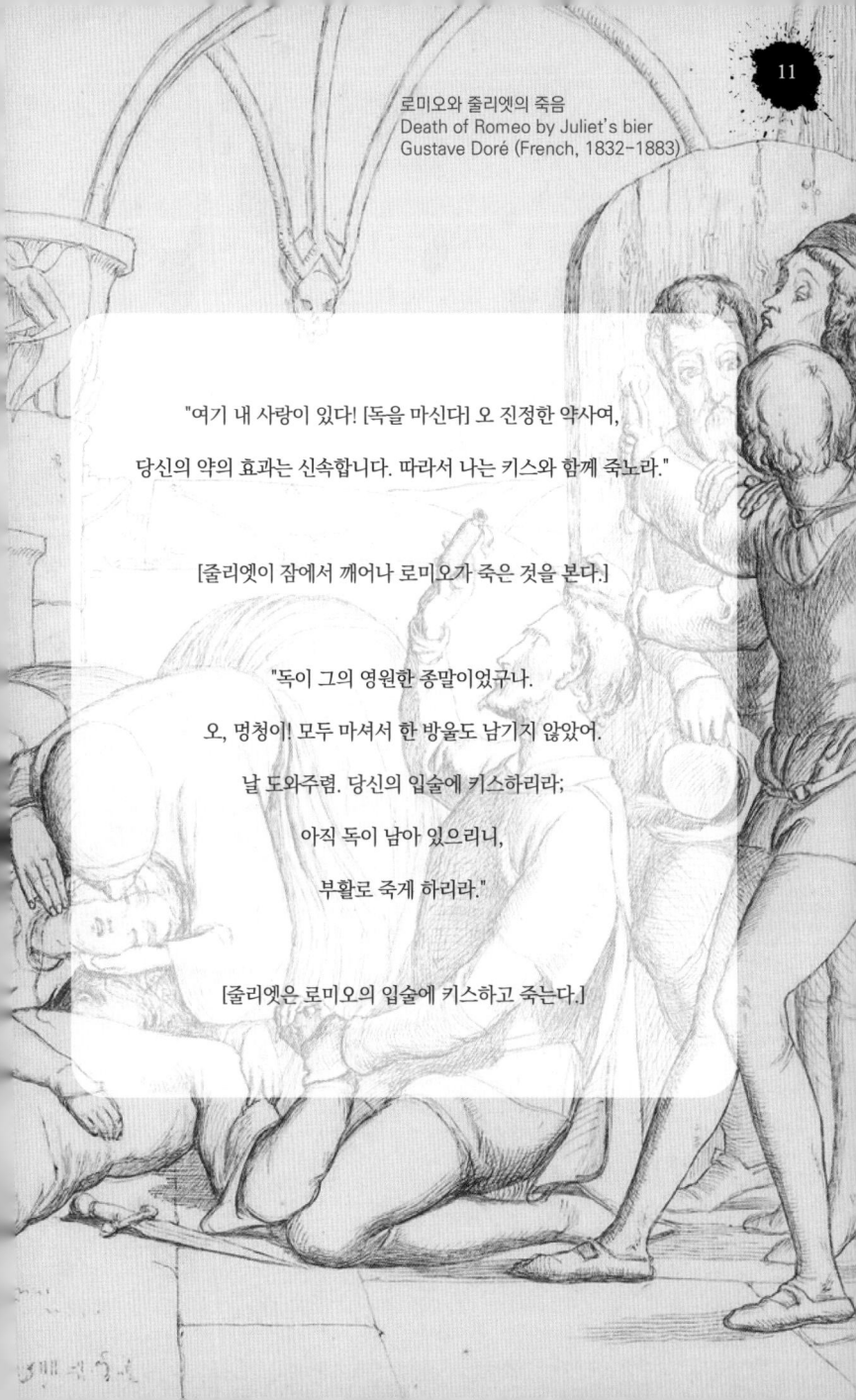

로미오와 줄리엣의 죽음
Death of Romeo by Juliet's bier
Gustave Doré (French, 1832-1883)

"여기 내 사랑이 있다! [독을 마신다] 오 진정한 약사여,

당신의 약의 효과는 신속합니다. 따라서 나는 키스와 함께 죽노라."

[줄리엣이 잠에서 깨어나 로미오가 죽은 것을 본다.]

"독이 그의 영원한 종말이었구나.

오, 멍청이! 모두 마셔서 한 방울도 남기지 않았어.

날 도와주렴. 당신의 입술에 키스하리라;

아직 독이 남아 있으리니,

부활로 죽게 하리라."

[줄리엣은 로미오의 입술에 키스하고 죽는다.]

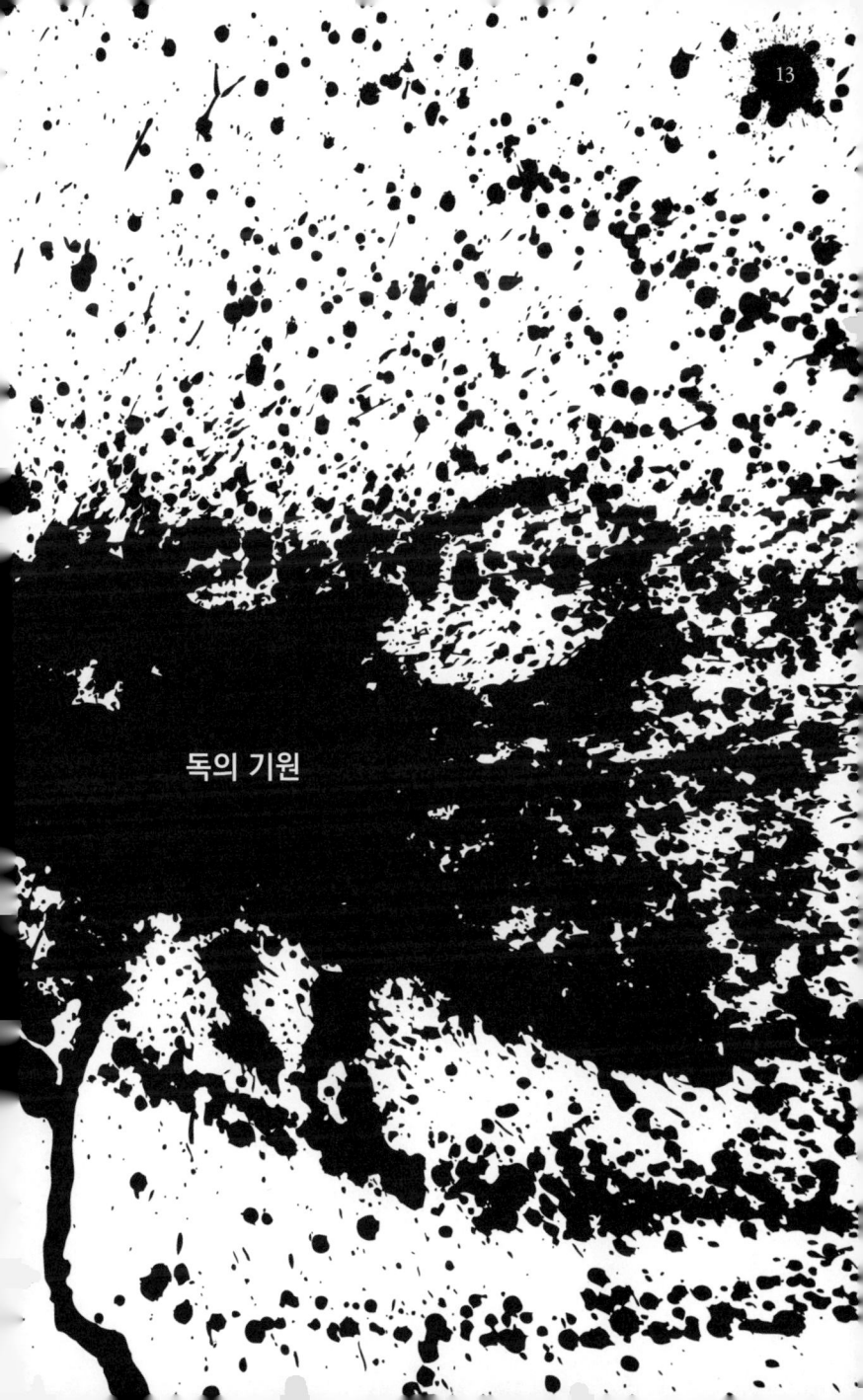

독의 기원

독^{poison}의 어원

'poison'이라는 단어는 라틴어에서 기원하였으며, 영어 'poison'은 라틴어 명사 'potio' 혹은 'potionis'에서 유래하였다.

라틴어 'potio'는 '음료' 또는 '마시다'라는 뜻으로, 독이 음료나 액체 형태로 사용되었던 흔적을 보여준다. 초기 라틴어 'potio'는 '마실 수 있는 음료' 등의 넓은 의미를 가지고 있었으나, 점차 '섭취했을 때 해를 끼치거나 사망에 이를 수 있는 물질'을 총칭하는 의미로 확장되었다.

'poison'이라는 단어는 11~15세기에 걸친 중세 영어 시대에 쓰여지기 시작했다. 이 단어에는 '독성 물질을 포함하는 해롭거나 치명적인 물질'이라는 의미를 담고 있었다. 이후 'poison'은 '부상, 질병 또는 사망을 유발할 수 있는 유해한 물질'을 나타내는 의미로 뜻이 구체화되었다.

고대 프랑스어에서는 라틴어 'potio'가 '독'이라는 원래 의미가 그대로 유지되었다.

독과 관련된 단어

- Poison : 독
- Venom : 독액
- Toxic : 독성의
- Toxicity : 독성
- Poisonous : 독이 있는
- Toxicology : 독성학
- Antidote : 해독제
- Envenom : 독을 주입하다
- Toxicologist : 독성학자
- Poisoning : 중독

인간과 독

어떻게 독의 존재를 알았을까?

고대 사람들이 독을 처음으로 사용하기 시작한 과정에 대해서는 정확히 알려진 바는 없다. 하지만 몇 가지 가능성을 추론할 수 있는데, 가장 유력한 가설은, 선사 시대 초기의 고대 인류가 특정 식물을 먹고 죽은 동물을 보았거나 독성 물질로 죽은 동료의 사례를 경험하면서 알게 된 결과라는 것이다. 관찰과 시행착오의 경험들은 독의 존재와 독성 원료의 구분으로 이어졌으며, 이 경험들은 지식으로 축적되어 생존, 사냥도구, 전투에 이용할 수 있게 되었다.

신석기 시대, 사냥꾼의 창끝에서 발견된 식물 독소의 흔적과 같은 고고학적 증거는 초기 인간이 독의 존재를 인식하고 이것을 전략적으로 적용하는 방법을 알고 있었음을 말해준다. 독이 묻은 화살과 독을 담았던 그릇의 발굴은 인류가 오래전부터 독을 사용해 왔음을 보여준다.

남아프리카의 수렵 채집 사회에서는 '독화살 나무'로 알려진 '아코칸테라 쉼페리(Acokanthera schimperi)'의 독성 혼합물을 이용하여 사냥감을 무력화한다. 인류가 독을 사용한 원시적인 예를 보여주는 사례이며, 현재까지도 일부 토착 문화에서는 이와 같은 독 사용 흔적이 남아 있다.

독성을 가진 물질과 독에 대한 지식은 관찰과 지식 전수로 후대 세대로 축적되어갔다. 독성을 가진 동·식물의 식별이 가능해지고, 독을 다루는 기술도 정교해졌다. 독을 인위적으로 제조하는 기술, 중화시키는 해독 기술도 함께 발전하였다. 현대에서는 과학적 분석을 통하여 독을 여러 방면으로 활용하기도 한다.

아코칸테라 쉼페리
Acokanthera schimperi
Köhler-s Medizinal-Pflanzen

죽음의 춤
Dance of Death: Death Forbids (1919)
Percy John Delf Smith

인간은 왜 독의 레시피과 사용법을 정교하게 발전시켜 왔을까?

인류는 생존과 전쟁을 위해, 나중에는 점점 더 복잡하고 다양한 용도로 독을 사용해 왔다. 사냥과 전투를 위한 일차적인 도구에서 시작된 독 사용은 점차 광범위한 의미를 지닌 도구로 진화했다.

초기 인류는 독의 치명성을 사냥과 전쟁에서 사용했다. 독화살과 독침은 사냥감을 죽이거나 무력화시켜서 훨씬 효과적인 사냥이 가능하게 했다. 생존의 필요성에서 출발한 독의 원시적 활용은 문명이 발달하면서 더욱 정교해지고 발달되었다.

이집트, 그리스, 로마 같은 고대 문화권에서는 독이 정치적 음모와 암살에 사용되었다. 독은 전쟁에서도 활용되어 전략적으로 중요한 의미를 갖게 되었다. 독을 묻힌 무기는 적을 쉽게 굴복시킬 수 있었고, 식수, 식량을 독으로 오염시키는 전략은 전투의 물리적인 공격보다 더 효율적이었다.

많은 문화권에서는 독을 의학적 목적으로 활용하기도 했다. 고대 중국 의학에서는 적절한 용량의 비소나 수은과 같은 독성 물질은 질병 치료를 위해 사용되었다. 독의 해로움과 치유라는 이중적 성격을 일찍이 이해했음을 말해준다.

독은 정치적 분쟁에서 암살 수단으로 선호되었다. 고대와 중세, 르네상스를 거쳐 현대까지 독은 정적을 제거하거나 은밀하게 살해하는 데 매우 효과적인 도구다. 특히 20세기에는 스파이 활동에 독성 물질이 사용되었다.

부주의한 대화보다 덜 위험한
Less dangerous than careless talk (1944)
Albert Dorne (American, 1904 - 1965)

독 사용의 역사적인 궤적은 기본적인 생존 전술에서 전쟁, 정치, 의학, 암살 등 복잡한 도구로 변화하면서 인류 문화와 인간 심리의 복잡성을 보여준다. 독의 진화는 인류의 독창성과 어두운 측면을 모두 강조한다. 사냥과 생존의 필요성이 농축된 원초적인 도구에서 출발한 독 사용은 시간이 지날수록 점차 범위가 확장되었고 의미도 중첩되었다. 하지만 자연을 조작하는 방법이 복잡해지면서, 인류는 때로 엄청난 윤리적 대가를 치르기도 한다.

독을 도구로 타인을 해치는 기제

인간이 타인을 해치는 기제는 다양한 동기와 요인으로부터 발생한다. 이러한 행동은 사회적, 심리적, 문화적인 요소에 영향을 받는다. 다음은 인간의 가해 기제와 그에 대한 일반적인 설명이다.

권력과 힘의 남용

: 권력을 소유한 개인이나 집단이 그것을 남용하여 다른 사람에게 해를 입히는 경우, 권력을 더욱 단단하게 유지할 수 있다. 권력과 힘의 남용은 사회적 지위나 자원의 불균형에 기인하여 발생한다.

대인관계의 갈등

: 사람들 간의 갈등과 충돌이 타인을 해치는 행동으로 이어진다. 개인 간의 가치 충돌, 경쟁, 시기심 등이 원인이 된다.

부정적인 감정과 배려 부족
: 부정적인 감정이나 배려 부족으로 인해 인간관계에서 상처를 주고받는 일들이 발생한다. 분노, 질투, 원한 등의 감정으로 인해 타인을 해치는 행동이 나타날 수 있다.

문화적 영향과 사회적 모델링
: 문화적인 가치, 규범, 사회적 모델링은 개인의 행동에 영향을 미칠 수 있다. 문화적 가치는 한 문화권 내에서 공유된 신념을 포함하는데, 이러한 집단적 영향력은 개인의 선택과 행동에 큰 영향을 미친다.

독은 위에서 언급한 인간의 가해 기제에 유용하게 사용되는 물질이었다. 그 이유는 다음에서 다룰 독의 은밀한 특징 때문이다.

독을 쓰는 이유 : 독의 특징

독을 쓰는 이유에 대한 분석은 독성학, 심리학, 문화인류학 등 다양한 학문 분야에서 다뤄진다. 타인을 살해하거나 해를 주기 위해 독을 사용하는 이유는 독의 다음과 같은 특성 때문이다.

은밀성과 무흔적
: 독은 살인 사건을 증거를 남기지 않을 가능성이 크다. 총기나 칼 등과 달리 독은 흔적이 적게 남고, 가해자를 추적하거나 특정하기 어렵다는 특징이 있다. 상대적으로 발각의 위험도 적다. 어떤 독은 무색무취이기 때문에 더더욱 흔적을 남기지 않는다. .

살인 계획의 용이성과 치사량 조절 가능

: 독은 음식이나 음료에 섞어 사용되는데, 사고 또는 질병으로 위장할 수 있어서 독살자를 은폐시키기에 적합하다. 독을 조달하고 조합하는 과정이 다른 살인 수단에 비해 상대적으로 간단하며, 필요에 따라 용법과 용량을 조절하여 치사량을 조절할 수 있다.

표적과 목표가 선택 가능

: 독을 사용하여 사람을 죽일 때는 특정한 목표를 선택할 수 있다. 독은 특정 사람을 선택적으로 제거할 수 있는 특성이 있다. 따라서 개인적인 원한이나 복수심 때문에 독이 살해 도구로 선택되는 경우가 많다.

미세한 조작과 효과적인 독성

: 독은 적은 양으로도 매우 강한 효과를 나타낼 수 있으며, 흔적을 남기지 않고 목표를 제거할 수 있다. 독의 종류와 양을 조절하고, 적절한 방법으로 사용하면 사망 시점을 당기거나 늦출 수도 있다는 특징도 있다.

법적 회피

: 독을 사용하면 우연을 가장한 죽음으로 위장할 수 있으므로, 독을 사용한 가해자가 법적인 책임을 회피할 수 있다. 어떤 독은 효과가 천천히 나타나여 자연사로 오인되는 경우도 있다. 어떤 독은 무색무취로 흔적을 남기지 않기 때문에 독살이 미스터리한 사건으로 남아있는 경우도 많다.

독의 상징성

역사적 사건이나 문학 작품에서 독은 인간 경험의 다양한 측면에 대한 강력한 은유를 담당해왔다. 독은 배신이나 속임수를 상징하기도 한다. 또한 치명적인 특성 때문에 문학이나 연극 등 이야기 흐름에 긴장감과 갈등을 고조시키거나 사건의 트리거로 작용한다. 독의 언급이나 존재만으로도 불안감이나 불길함을 조성하기에 충분하다.

독은 위험 및 죽음과 연관되어 있을 뿐만 아니라 비밀 혹은 숨겨진 동기를 상징하는 데에도 흔히 사용된다. 독은 소량으로도 치명적일 수 있고, 흔적을 발견하기 어렵기 때문에 속임수나 조작을 상징한다. 특히 정치적 음모나 첩보 활동을 다루는 문학 작품에서 독은 정적을 제거하거나 적보다 우위를 점하기 위한 도구로 등장하는 경우가 많다.

독은 권력과 통제와도 연관되어 있다. 독을 만들고 관리하는 방법을 아는 사람은 잠재적으로 치명적인 무기를 통제할 수 있음을 의미하며, 다른 사람에게 영향력을 행사할 수 있는 권력도 함께 의미한다. 동시에, 악한 영향력, 무분별한 야망, 타락 등을 의미하기도 한다.

죽음의 정원
The Garden Of Death (1896)
Hugo Simberg (Finnish, 1873 - 1917)

　　　독은 복잡한 감정의 파괴적인 힘, 심리적인 고통, 관계를 해치고 삶을 파괴하는 능력, 사건의 전환을 마련하는 계기가 된다. 질투나 분노, 원한과 같은 부정적인 감정을 은밀하게 표출하는 데에도 적합하다.

　　　독은 변형이나 변화를 상징하기도 한다. 연금술이나 마법을 주제로 한 문학 작품에서 독은 인물의 변신이나 재탄생을 위해 필요한 촉매제가 된다. 몇몇 작품에서 독은 깨달음을 얻거나 더 높은 존재 상태에 도달하기 위해 반드시 거쳐야 하는 정화와 재생의 과정에 도움을 주는 매개체로 묘사된다.

　문학이나 종교에서 독은 도덕적 타락이나 사회적 부패 표현하는 데게 쓰인다. 독은 치명성과 은밀성 때문에 그 자체로도 '악한 존재'이지만, 더 넓은 범주의 '나쁜 것'을 포괄하여 인간의 타락이나 부패를 은유한다.

독은 궁극적인 정화를 위한 필요악의 과정이기도 하다. 이런 상징은 연금술에서 부각된다. 연금술사들은 변화와 재생의 단계에 앞서 필수불가결한 '니그레도(Nigredo)' 또는 '흑화'라고 불리는 과정을 '독'으로 은유했다.

연금술사
Alchemist
David Teniers The Younger (Flemish, 1610 – 1690)

독의 상징적 요소

인간이 타인을 해치는 기제는 다양한 동기와 요인으로부터 발생한다. 이러한 행동은 사회적, 심리적, 문화적인 요소에 영향을 받는다. 다음은 인간의 가해 기제와 그에 대한 일반적인 설명이다.

대인관계의 갈등
: 사람들 간의 갈등과 충돌이 타인을 해치는 행동으로 이어진다. 개인 간의 가치 충돌, 경쟁, 시기심 등이 원인이 된다.

복수와 배신
: 독은 지인이나 믿고 의지하는 사람에게 해를 가하는 배신의 무기로 사용되며, 복수와 배신의 테마와 관련하여 등장한다. 인간관계의 어둠과 복잡성을 나타내며, 사회적 불신과 인간관계 갈등의 상징이 되기도 한다.

독을 마시는 소포니스베
Sophonisbe Drinking Poison (1653)
Isaac Moillon (French, 1614-1673)

비밀스러움과 은밀한 행위

: 독은 위험한 물질이기 때문에 은밀하게 다루어진다. 독을 사용하여 사람을 살해하거나 제어하는 경우, 독의 은밀성이 더욱 강조된다. 음모와 암약한 행위와도 연관되어 있다.

사랑과 유혹

: 독은 강렬한 열정과 매력을 상징하는 동시에 금지된 사랑이나 위험한 유혹으로 표현되기도 한다. 독이 사랑과 열정의 역설적인 특성을 상징하는 것이다.

유혹과 부패

: 독은 인간의 욕망과 탐욕을 자극하여, 사회적, 도덕적인 규범을 위반하거나 부패한 상태를 상징하기도 한다. 이러한 표현은 종교 경전에서 은유적으로 등장한다.

죄책감

: 독은 선택이나 동기를 변화시킬 수 있으며, 잘못된 결과로 나타났을 때 시행자에게 죄책감을 일으킨다. 독을 사용하거나 독을 받아들이는 행위는 인간의 윤리적인 선택과 도덕적인 책임에 대한 상징적인 표현이 된다.

약점과 취약성

: 독은 인간을 통제하거나 약화시키기 위해 사용되는 도구이므로, 인간의 취약한 면을 상징하기도 한다. 건강한 상태에서는 효과가 없지만, 특수한 상황에서 효과가 발휘되는 일부 독도 존재한다.

미스터리와 위험

: 독은 예측하기 어렵고, 은밀한 특성 때문에, 불확실성과 불안을 상징하는 데 사용된다. 독의 비밀스러운 특성은 금지된 영역 또는 신비한 세계를 상징하기도 한다. 오컬트와 마법의 이미지에서 많이 차용된다.

반란과 혁신

: 독은 반란과 혁신을 상징한다. 독은 기존의 질서를 무너뜨리고 체제에 도전하거나 교란하는 힘을 나타내며, 사회적·정치적인 변화나 혁신을 위해 이전의 것들을 전복시키는 역할을 한다.

쥐약 장사꾼
The Rat Poison Peddler
Johann Georg Trautmann (German, 1713-1769)

죽음의 춤
Dance of Death; Death Awed (1919)
Percy John Delf Smith

권력과 통제

: 독은 위협적인 특성 때문에 사람들을 제어하거나 통제하는 데에 사용되기도 한다. 독이 권력과 통제를 상징하는 요소로 해석될 수 있는 부분이다. 독을 소유하고 다루는 사람은 독이 가진 권력의 특성으로 인하여 다른 사람들에게 영향을 줄 수 있다.

지식과 사전경험

: 독은 약초, 동물, 화학물질 등의 다양한 자원을 이용하여 만들어지는데, 이는 사람들의 관찰과 실험에 기반한 지식의 산물이다. 독을 다루는 것은 전문적인 지식과 숙련된 기술을 요구하기 때문에, 독은 지식의 상징이 되기도 한다.

성장과 변화의 과정

: 성장은 어려움을 동반하는데, 역경이 독으로 표현되기도 한다. 성장에서의 독은 어려움을 극복하고 새로운 상황으로 전환하는 데에 필요한 과정이다. 또한 독은 생명과 죽음 사이를 연결하고 있는 고리 역할을 하여, 인간의 유한성과 불변성에 대한 경계를 상징하기도 한다.

영혼적인 도전과 시련

: 독은 인간 내면의 어둠이나 악을 나타내며, 영혼을 성장시키고 진실을 찾는 과정에서 극복해야 할 시련으로 표현되기도 한다.

정화와 치유

: 독은 몸에 해로운 물질이지만, 적절하게 사용되면 약이 되거나, 독을 제거할 수 있는 해독 물질이다. 독이 부정적인 요소를 정화하고 치유하는 힘을 상징하는 이유이다.

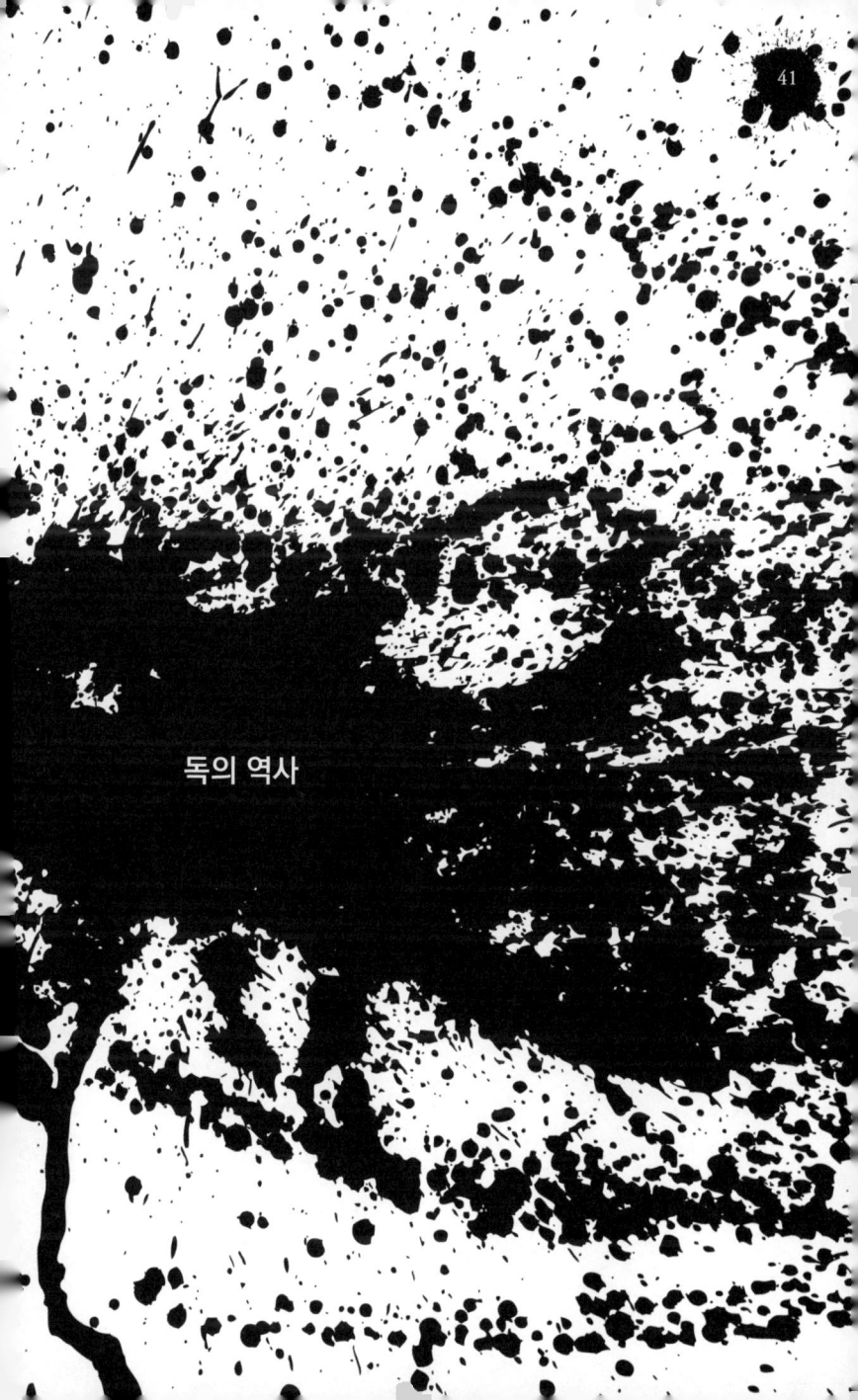
독의 역사

42

독의 역사

　　독은 오랫동안 인류의 삶에 깊이 뿌리를 내리고 있다. 독은 인류의 문화와 역사에서 자주 등장하는 해로운 물질이며, 다양한 맥락에서 형성된 문화적 영역을 구축한다. 독이 문학, 예술, 종교, 전설 등에서 자주 등장하는 이유는, 독의 사회적이고 심리적인 인식의 결과이기 때문이다.

　　독은 죽음 이상의 것을 포괄하고 있다. 독은 다양한 시대상과 사회 구조를 반영한다. 독의 속성과 상징 때문에 실제로 인류의 역사 전반에서 흔하게 사용되었으며, 문화적 산물인 신화나 전설에서도 자주 등장한다. 그렇기 때문에 독은 인간의 역사, 사회 또는 심리적인 측면과도 연결 지을 수 있다.

독이 사용된 곳

독은 전쟁과 사냥, 의학과 법률 등에 이르기까지 인류 역사 전반에 스며들어 있다. 악의적이거나 선의적인 목적으로 사용되는 독은 인류의 지식과 호기심, 인간 심리 등 반영한다.

역사적으로 독은 악의적인 목적, 약용, 오락용 등 다양한 용도로 사용되었다. 고대에는 독이 사냥, 전쟁, 처형, 암살에 쓰였는데, 이미 이 시기부터 독성 식물이나 동물의 추출물을 다방면으로 활용하고 있었음을 보여준다.

고대 그리스와 로마 문명에서는 사냥과 전투에서 적을 제압하기 위해 독을 사용했다. 그리스 신화에서도 히드라 독을 이용하여 전쟁을 승리로 이끄는 이야기가 등장한다. 실제의 고대 전쟁에서도 독사나 전갈 등 독을 가진 생물에게서 독을 추출하여 독화살에 묻히거나, 독을 발사하는 기계장치를 개발하여 적을 공격하였다. 이런 방식의 독 사용은 전쟁이나 사냥을 용이하게 하고, 방어를 효율적으로 할 수 있었다.

독은 고대부터 암살에 널리 사용된 도구였다. 독은 상대방을 은밀하게 살해하는 효과가 있어, 특히 중세 시대에는 흔한 암살도구로 사용되었다.

중세시대 독은 귀족들 사이에서 만연하였다. 음식이나 음료에 독을 섞거나, 피부에 흡수시키는 등의 다양한 방법으로 상대방을 쉽게 죽일 수 있었고, 흔적이 남지 않아 노출되는 일이 적었다. 이러한 암살 행위는 왕족들이나 정적들 간 힘의 경쟁에서 흔하게 일어났기 때문에 힘의 전복을 암시하는 위협이 되어, 권력에 균형을 부여하기도 하였다.

고대 문명에서부터 독은 형벌 집행에 사용되었다. 독의 사회적이고 공식적인 사용은 사회에 경고와 공포를 심어주며, 범죄를 예방하는 역할을 했다. 사회 질서를 유지하는 수단이었던 것이다.

독은 고대 이집트와 중국의 전통 의학에서 약재로 사용되기도 했다. 고대 이집트의 벽화와 문헌에는 독성 물질을 약으로 사용한 기록이 많이 존재한다. 코브라의 독은 심장 질을 치료하고 감염을 막는 효과가 있다고 믿어졌으며, 이를 이용하여 치료 방법을 개발하기도 하였다. 마찬가지로 중국에서도 식물의 독을 이용한 치료법이 발전하였다. 독성이 있는 약초나 식물의 부산물들은 질병을 치료하고 증상을 호전시키는 데에 사용되었으며, 이 의학적 지식은 고대 서적에 기록되어 있다.

소크라테스의 죽음
The Death of Socrates (ca. 1749)
Michel-François Dandré-Bardon

고대 그리스와 로마의 독

　　고대 그리스에서는 전쟁에서 적을 약화시키기 위한 수단으로 독을 사용했다. 형벌에도 독이 쓰였다. 고대 그리스에서 독을 사용한 유명한 사례 중 하나는 기원전 399년 소크라테스의 처형이다. 젊은이들을 타락시키고 국가가 인정한 신을 믿지 않는다는 죄명으로 유죄 판결을 받은 철학자 소크라테스는 헴록(hemlock) 혼합물을 마시라는 선고를 받았다. 이 기록은 소크라테스의 제자 플라톤의 저서 '변명 등에 기록되어 있다. 헴록은 호흡부전과 마비를 일으키는 치명적인 식물의 독으로, 형별을 집행하는 데에 주로 사용되었다. 헴록은 쉽게 구할 수 있어 독살에 흔하게 사용되던 독이기도 했다.

　　고대 로마인들은 암살의 목적으로 독을 사용했다. 로마 궁정의 복잡한 권력 역학 관계에서 독은 정적 제거를 위한 침묵의 무기였다. 고대 로마에서 가장 유명한 독 관련된 사건 중 하나는 아우구스투스(Augustus) 황제의 죽음이다. 황제의 사인에 명확한 증거는 없지만, 사람들은 아우구스투스 황제의 아들 티베리우스(Tiberius)가 왕좌에 오를 수 있도록 아내 리비아(Livia)가 독약을 사용했다고 생각했다. 정황상 독살로 의심되고 있는 것이다.

헬레보어
Eastern Hellebore (1815-1819)
Sydenham Edwards (English, 1768-1819)

고대 그리스와 로마에서 사용된 독

헴록(poison hemlock, Conium maculatum)
: 헴록은 고대 그리스에서 가장 유명한 독으로 철학자 소크라테스의 처형과 관련이 있다. 테라메네스(Theramenes)와 포키온(Phocion) 등 아테네 정치가들의 처형에도 쓰였다. 호흡 부전으로 인해 마비와 사망을 유발할 수 있는 독성이 강한 식물로, 사형 집행이나 암살에 사용된 흔한 독이다.

아코나이트(Aconitum napellus)
: 울프스베인(Wolfsbane)으로도 알려진 아코나이트는 고대에 독으로 사용되었던 식물이다. 심장 배당체를 포함한 여러 가지 독성 화합물이 포함되어 있어 마비와 구토, 심부전을 일으켜 사망에 이르게 할 수 있다. 정적을 제거하는 데에 주로 사용된 독이며, 창과 화살에 발라 전쟁 무기의 효율을 높여준 독이기도 하다.

헬레보어(Hellebore)

: 화이트 헬레보어(Veratrum album)와 블랙 헬레보어(Helleborus niger) 모두 독극물로 사용되었다. 이 식물은 구토를 일으키고 심장 박동을 늦출 수 있으며 고용량 사용시 치명적일 수 있다.

특히 '블랙 헬레보어'는 훨씬 위험한 식물로, 이명, 현기증, 혼수 상태, 갈증, 아나필락시스, 구토, 심박수 둔화 증상을 야기하며, 심장마비을 일으켜 사망하게 할 수 있다.

아편
Papaver somniferum
Köhler-s Medizinal-Pflanzen

아편(Papaver somniferum)

: 양귀비에서 추출된 아편은 고대부터 사용되던 독성 및 약용 물질이다. 신석기 시대부터 음식, 마취, 제의 등에 아편이 쓰였다는 고고학적 유물들이 있다. 소량 섭취하면 약으로 작용하지만, 다량으로 복용하면 치명적일 수 있으며 호흡 부전 및 사망을 유발한다. 아편은 전쟁, 처형, 의약 등 다양한 분야에서 사용되기도 했다.

칸타리딘(Cantharidin)

: 파괴적인 독소와 강력한 최음제의 이중 성질로 알려진 독으로 고대 로마 시대에 사용된 악명 높은 독성 식물 중 하나였다. 이 독은 요로에 심한 자극을 일으켜, 과다사용시 신부전을 일으키고 사망에 이르게 하였다.

고대 로마의 역사학자 타키투스(Tacitus)는, 아우구스투스(Augustus)의 아내인 리비아(Livia)가 정적들을 만찬에 초대하여 소량의 칸타리딘이 든 음식이나 음료를 먹게 했다고 적고 있다. 최음제 성분이 있는 칸타리딘을 먹은 만찬 초대자들은 성적으로 무분별하게 되어, 자신의 지위를 무너뜨릴 수 있는 빌미를 제공하게 된다. 중독 증세를 일으켜 정적을 제거하려는 리비아의 계략이다.

벨라돈나(Atropa belladonna)

: 열매에 치명적인 독성물질을 함유하고 있다. 고대 그리스와 로마인들은 벨로돈나로부터 독을 추출하여, 일부 의학적 용도로도 사용되었다.

그리스 로마 시대 독의 특성

고대 그리스와 로마의 독극물은 당시의 문화, 전쟁, 법률, 의학에 이르기까지, 다양한 분야에서 활용되었다.

독은 주로 전쟁에서 전략과 전술에 영향을 주었다. 독화살은 적의 전술을 지연시키는 데 효과적이었으며, 상대방의 사기를 떨어뜨리는 데 큰 역할을 했다. 독의 전술적인 사용은 전쟁의 결과를 좌우하는 중요한 무기이기도 했다.

독이 전술에서 중요한 위치였기 때문에 그에 대한 대응도 있었다. 역사가 헤로도토스는 페르시아 군인들이 독소에 대한 내성이나 면역력을 갖기 위해 치명적이지 않은 독극물을 지속적으로 섭취했다고 기록했다. 독의 내성을 위한 소량의 독 섭취는 폰투스의 미트리다테스 6세의 이름을 따서 "미트리다티즘(mithridatism)"이라는 기술로 정의되었다.

고대 그리스와 로마의 정치 지형도 독의 흔적을 잘 보여준다. 독은 권력과 힘을 가진 사람들에 의해 남용되었는데, 정치적으로 권력을 공고히 하거나 정적을 제거하는 데 사용되었다. 비밀스럽고 효과적인 독의 성질은 특히 로마 황제들 사이에서 정치적 속임수와 암살을 위한 이상적인 도구여서 궁정의 권력자들은 늘 독살에 대해 불안함을 느끼고 있었다.

고대 그리스와 로마에서 독은 사회적인 계급과 권력의 상징이기도 하다. 독은 특정 계급과 계급의 특권과 힘을 나타내는 도구였고, 독의 통제함으로써 독을 가진 사람들이 높은 사회적인 지위와 권력을 가지고 있었다.

자유를 부여하는 티투스 퀸티쿠스 플라미니우스
Titus Quincticus Flaminius Granting Liberty
to Greece at the Isthmian Games (1780)
Jean Pierre Saint-Ours (Swiss, 1752 - 1809)

독은 형벌 집행에도 사용되었다. 로마 제국에서는 독약을 사용하여 사형을 집행하였다는 기록이 있다. 죄인에게 치명적인 독을 투여하여 사형하는 것은 대중에게 공포를 심어주고 범죄 행위를 억제하기 위한 본보기가 되어 사회 질서를 유지한 기능을 하였다.

고대 그리스와 로마의 의학 분야에서 독은 치료에 활용되기도 했다. 독은 약재로 사용되어 다양한 질병을 치료하고 증상을 개선시키는 데 도움을 주었다. 서양 의학의 아버지로 여겨지는 히포크라테스(Hippocrates)는 정신 장애를 치료하기 위해 미나리 아재비와 같은 소량의 독을 사용하기도 했다. 저명한 박물학자 플리니(Pliny)는 해열과 염증 등의 다양한 질병의 치료제로 독성 식물인 아코나이트를 언급하기도 했다. 또한 특정 코브라의 독은 마취제로도 사용되었다.

라오콘과 아들들(바티칸)
Laocoön and His Sons in the Vatican

신화와 예술에 영감을 준 독

독은 고대 그리스와 로마 사회의 신화와 종교에 다면적으로 등장한다. 그리스-로마 신화와 문학에서 독은 영웅의 신화성과 주인공의 비극을 표현하는 데에 쓰였다. 독은 신화와 종교에서 마법적인 힘과 연관 지어지고, 신들과의 소통, 예언, 의식 등의 장면에 등장된다.

독은 예술과 문학에서도 주요한 소재로 다뤄졌다. 그리스 비극 작품에서는 독을 이용한 암살, 자살, 복수 등의 주제가 자주 다루어졌으며, 이는 작품의 긴장감과 갈등을 증폭시키는 역할을 했다. 이처럼 독은 시와 문학에서 독특한 상징적 의미가 있다.

독을 가진 동물은 그리스-로마의 예술 작품에도 등장한다. 이 시대의 조각이나, 그리스-로마 시대의 역사와 신화의 장면을 묘사한 회화에는 직접적인 독살이 표현되기도 하고, 뱀이나 전갈 등의 독성 동물이 함께 등장하기도 한다.

현대에까지 영향을 주고 있는
고대 그리스 로마시대의 독 패러다임

고대 그리스와 로마의 독은 부정적인 측면과 긍정적인 측면을 모두 포함하여 현대까지 강력한 영향력으로 이어진다. 독의 사용이 불러일으킨 도덕적 딜레마나, 치명적인 물질에 대한 깊은 이해를 끌어낸 호기심의 영향력은 오늘날에도 여전히 유효하다.

독의 사용은 그리스와 로마 사회에서 도덕적인 문제와 윤리적인 고민을 불러일으켰다. 타인의 삶을 빼앗거나 통제하는 것이 어디까지가 정당한 행동인지에 대한 논쟁을 일으키며, 사회적인 윤리와 도덕성에 도전하는 토론의 주제가 되기도 했다.

고대 그리스와 로마의 독 연구는 그들의 사상과 문화를 이해하는 데 중요한 토대를 제공한다. 독은 그리스와 로마 사회의 어둠과 복잡성을 보여주는 동시에, 그들의 사회적, 정치적, 종교적인 상황을 반영하고 이해하는 데 도움을 준다. 독의 사용은 문명의 양면성과 복잡성을 나타내며, 우리가 지금까지 시대의 역사와 문화를 이해하는 데에 필수적인 요소이다.

그리스-로마 시대의 독은 현대의 의학과 독성학 연구에도 영향을 주었다. 고대 그리스와 로마에서의 독 사용은 약용 식물의 특성과 독성 물질에 관한 연구를 불러일으켜, 현대의 약학과 독성학 연구의 출발점이 되는 토대를 마련했다.

연기 고문
The torture of smoke
(Saint Zoe of Rome) (1885)
Jean-Baptiste Cariven

클레오파트라의 죽음
The Death Of Cleopatra (1875)
Hans Makart

고대 이집트의 독

　　　　비옥한 나일강에 자리 잡은 고대 이집트 문명에서도 독은 다양한 목적으로 사용되었다. 고대 이집트인들은 고유한 문화적 특성으로 인하여 식물, 동물, 미생물 등 다양한 자원에서 독을 추출하고 활용했다. 시신 보존이 부활로 이어진다는 독특한 죽음관 때문에 이집트에서는 시신을 미라로 만드는 문화가 있었다. 이 과정에서 독은 방부, 미라 제작, 약용, 의식적인 사용 등 다양한 목적으로 활용되었다.

　　　　이집트에서는 코브라가 숭배되었다. 코브라는 맹독을 가지고 있는 동물로, 강력한 능력을 상징함과 동시에 치유도 상징한다.
　　　　머리 부분을 코브라로 장식한 파라오 미라의 황금마스크가 유물로 남아 있다. 뱀 숭배의 문화는 신화와 고고학적 유물로도 읽을 수 있다.

고대 이집트에서 사용된 독

코브라(Cobra)

: 고대 이집트인들은 코브라를 초기 이집트 신 중 하나인 와제트(Wadjet) 여신을 상징하는 신성한 동물로 여겼다. 상반신 일부를 세우는 코브라로 파라오의 왕관을 장식하였는데, 이는 신성한 권위와 보호 능력을 상징한다. 이 때문에 코브라는 이집트에서 두려운 동물임과 동시에 신성한 동물로 간주되었고, 코브라의 독 또한 약용 및 신성한 의식에서 사용했다. 코브라의 독은 중추 신경계를 마비시키는 독성을 지니고 있어 사용 시 신체에 심각한 영향을 줄 수 있다.

전갈(Scorpion)

: 이집트에 서식하는 전갈도 독성을 가지고 있다. 독침을 가진 전갈은 잠재적 위험과 동시에 의학적 가치, 신화적 대상 등의 요소를 갖춘다. 머리에 전갈을 이고 있는 여신 세르케트(Serket)는 전갈에 쏘이는 것을 방지해준다고 여겨져 이집트인에게 보호자로 존경받았다. 전갈의 독은 독으로서 작용하기도 했지만, 통증 완화와 다양한 질병 치료 등 의학적인 용도로도 사용되었다.

맨드레이크(Mandrake)

: 맨드레이크는 환각, 섬망, 심지어 사망에 이르게 하는 식물로, 트로판 알칼로이드(tropane alkaloid)라는 독성 물질을 다량 가지고 있으며, 여러 가지 독을 제조하는 각종 레시피가 존재했다. 맨드레이크는 이집트뿐만 아니라 메소포타미아의 수메르(Sumer)에서 그리스에 이르기까지의 고대 문명에서 신비한 속성을 갖고 있다고 믿어지는 식물로, 각종 의식과 의약품에 사용되었다. 고대 이집트의 가장 오래된 의학 문서 중 하나인 '에베르스 파피루스

투탄카멘 황금 마스크의 코브라 장식

(Ebers Papyrus)'에는 맨드레이크가 위장 장애 및 피부 염증을 포함한 다양한 질병에 효과적이라고 언급되어 있다.

헴록(hemlock)

: 독성이 강한 것으로 알려진 독미나리과인 헴록은 죽음을 상징하지만, 변화와도 연관이 있는 식물이다. 이집트 종교의식과 예술에 등장하여 삶의 순환과 사후 세계의 신비를 상징하기도 한다. 삶과 죽음이 서로 연결되어 있다는 이집트인들의 세계관을 반영한다.

아편(opium)

: 양귀비의 수액에서 추출한 아편은 고대 이집트인들에게 귀중한 상품이었다. 의약 적용을 자세히 설명하는 수많은 파피루스가 존재하며, 이집트 고대 의학 문헌인 '에베르스 파피루스(Ebers Papyrus)'에도 아편을 우는 아이를 진정시키고 통증을 완화하는 치료제로 사용하였다고 기록하였다. 고용량으로 복용시에는 사망할 수 있다.

고대 이집트 독의 특성

이집트에서 독은 의학적인 용도, 신성한 의식, 의례 등에서 사용되었다. 이집트인들이 질병 치료, 통증 완화, 시체 보존 등에 독을 사용했으며, 의식적인 행사에서의 희생물을 죽이는 데도 사용했다.

고대 이집트에서는 독을 추출하고 저장하는 기술도 발달했던 것으로 보인다. 독성을 가진 식물이나 동물을 처리하여 순수한 독 성분을 얻는 방법, 독을 보관하는 용기의 제작 등도 깊이 연구되었는데, 독을 장기간 보존하거나 효능을 높이 데에 유용했다.

고대 중국의 독

고대 중국에서는 수천년 동안 독살 혹은 약용에 다양한 종류의 독을 사용해왔다. 기원전 3000년 전부터 독을 약의 한 형태로 사용한 것으로 추정되며, 기원전 1600~1046년의 상 왕조 갑골 비문에는 식물 기반 독의 사용이 언급되어 있어 독이 오래전부터 다방면으로 사용되었음을 말해준다.

전통 중국 의학에서는 독성과 함께 독의 약용성에 더 주목하고 있다. 고대 중국인들은 독은 소량을 사용하거나, 다양하게 조합 혹은 정제하여 약으로 흔하게 사용하였다.

중국 전통의학에서 사용된 독

비소(Arsenic)

: 자연적으로 발색하는 반금속인 비소는 고대 중국에서 오랫동안 사용된 독 중 하나로, 비교적 쉽게 구할 수 있지만, 소량만 사용해도 치명적인 독성 물질이다. 복통과 경련을 수반하고 적은 양으로도 사망에 이르게 할 수 있다. 생명의 비약을 찾기 위해 다양한 광물을 재료로 실험한 고대 중국 연금술과도 연관이 있다.

백합 독

: 중국 역사의 연대기에서 백합의 줄기와 꽃잎에서 추출한 백합 독은 알칼로이드(Alkaloid), 리코린(lycorine), 콘발라톡신(convallatoxin) 등의 독성 물질을 함유하고 있다. 이 독성물질을 섭취하면 소화 기관이 마비되어 구토, 탈수를 유발하며, 사망에 이를 수 있다.

중국 전설 중 하나인 '백사 전설'에도 등장한다. 백합 독은 중국의 농민들이 독살에 사용한 것으로 알려져 있으며, 백합은 아름다운 외형과 위험한 독성의 이중성 때문에 중국 전설이나 문학에서 자주 회자되는 독성 식물 중 하나이다

뱀독

: 중국에서 뱀독은 타 문화권과 마찬가지로 암살이나 자기방어 등 다양한 목적으로 사용되었다. 중국에는 독성을 지닌 다양한 종류의 뱀이 있다. 환경적인 요인 때문에 뱀은 백사 전설과 같은 이야기가 중국의 설화나 전설에 자주 등장한다.

진사, 주사

진사(Cinnabar), 주사

: 황화수은(HgS)으로도 알려진 진사는 홍동색의 광물로, 대량으로 섭취하면 중추 신경계를 마비시키는 독성 광물이다. 단주(丹朱), 주사(朱砂), 경면주사(鏡面朱砂), 단사(丹砂)라고도 한다. 생명 불멸의 비약을 찾아 헤맸던 진시황은 진사가 포함된 비약을 정기적으로 섭취하여 수은중독으로 사망했을 것으로 추정된다.

귀신불토(Ghost-fire soil, Guihuo Tu)

: 귀신불토는 중국에서 사용된 독 중 하나로, 특정 지역의 흙이나 토양에서 생성되는 부식성이 강한 독으로 알려져 있다. 이 물질은 유난히 강력한 부식성 효과 때문에 피부에 닿으면 심한 화상을 입히고 소량으로도 소화기관을 파괴한다. 귀신불토는 전쟁에서 사용되었다. 고대 중국 전략가들은 전장에 귀신불토를 뿌려 적군을 교란하고 전투의 흐름을 바꾸기도 했다.

우토우(Aconite)

: 아코나이트로 알려진 우토우는 중국에서 오랫동안 사용된 독성 식물이다. 식물인 황량(黃連)이나 복령(附靈) 등의 종류에서 추출되며, 먹는 약이나 외용제로 사용되었는데, 연고나 가루 형태로 사용되었다. 우토우는 적은 양으로도 치명상을 입을 수 있으며, 신경계에 영향을 주어 심각한 중독 증상을 유발한다.

중세 시대의 독

종교와 마법과 환타지가 난무하던 중세시대

중세 시대(5세기~ 15세기)의 유럽은 종교가 지배적인 가운데, 군사적 충돌, 정치적 불안정, 사회적 변동 등의 특징이 있던 시기였다. 중세 시대에는 독에 관한 관심이 높았다. 다양한 목적으로 독이 사용되었으며, 다음과 같은 분야에서 중요한 역할을 했다.

전쟁과 권력 싸움
: 중세 시대에는 왕족, 귀족, 정치가들이 권력을 쟁탈하는 데 독을 흔하게 사용했다. 독은 적을 제거하거나 약화시키는 데 효과적이었는데, 음식이나 음료에 독을 첨가하는 방법으로 독살이 행해졌다.

약으로도 사용

: 종교가 지배적인 시기인 중세 시대에는 독이 주로 사람을 해치는 목적으로 사용되었다. 독살은 윤리적인 측면에서 다뤄지지 않아, 매우 공공연하고 흔한 행위였다. 종교가 지배적인 시기였으므로, 중세 시대의 의료는 상당히 원시적이었지만, 때때로 의학적인 목적으로 사용되기도 했다. 독은 '네 가지 체액'인 혈액, 점액, 황담즙, 흑담즙의 불균형을 치료하거나 상처를 치료하는 데에 활용되었다. 하지만 체계적인 의학적 지식의 부족으로, 실수로 인한 중독 사례가 발생하기도 했다.

마법과 독

: 중세 시대에는 마법과 오컬트에 대한 믿음이 굉장히 강했다. 독은 마법사나 마녀들이 마법을 부리는 데 사용한다고 믿어졌다. 각종 문서에는 실제로 자신을 스스로 마법사라고 지칭하던 사람들이 자신의 목적을 달성하기 위해 독을 사용하거나 다른 사람에게 독을 판매하기도 했다고 기록되어 있다. 이런 관행은 중세 시대의 대규모 민간 학살이었던 마녀사냥으로 이어진다.

중세에는 계급과 계층간의 구분이 뚜렷했고, 생명에 대한 윤리 의식이 희미하여 독살이 서슴지 않게 실행되는 일도 잦았다. 그 결과로 많은 인명피해와 사회적 불안이 초래되었다. 그러나 무분별한 독의 사용은 점차 사회적으로 비난받고 금지되는 추세를 보였다. 중세 시대 후기에는 독 사용에 대한 법적 제한과 처벌이 강화되었으며, 약물이나 독의 판매와 보관에 대한 규제의 틀이 마련되었는데, 이것은 독의 남용을 억제하고, 사회의 안전과 안정을 유지하기 위한 노력의 일환이었다.

중세 시대의 독 사용은 그 시대의 사회, 문화 및 과학 수준을 반영한다. 그러나 윤리적인 측면에서 비판적으로 바라봐야 할 부분도 분명 존재한다.

벨라돈나(Belladonna)

중세시대에 사용된 독

벨라돈나(Belladonna)

: 벨라돈나는 유럽, 북아프리카, 서아시아가 원산지인 콩과 식물이다. 중독이나 암살의 목적으로 주로 사용되었으나, 여성용 화장품으로도 쓰였다. 이탈리아어로 '아름다운 여인'을 의미하는 '벨라돈나'라는 이름은 여성들이 동공을 확장하기 위한 점안액으로 사용한 데서 유래했으며, 이는 중세 시대에 유행하던 뷰티 트렌드 중 하나였다. 그러나 벨라돈나를 다량으로 섭취하였을 때는 치명적인 독이 되었다.

세네카(Seneca)

: 세네카는 유럽의 식물 종인 세네카에서 추출된 독으로, 중세 시대에 독살 목적으로 사용되었다. 이 독은 섭취하거나 흡입할 때 간과 폐에 심각한 손상을 일으킬 수 있는 강력한 독이다. 14세기의 유명한 약초학자 마가리타(Margarita)가 주술행위를 겸한 독살에 사용한 독이기도 하다.

Fig. 7. A—G *Atropa Belladonna* L. A Zweig; B Bl.; C dieselbe im Längsschnitt; D Stb.; E N.; F Fr.; G S. — H—K *Lycium vulgare* Dun. H Bl.; J dieselbe im Längsschnitt; K Fr. — A verkl.; B, C, F, H—K 2mal vergr. D, E, G stärker vergr. (Original)

비소(Arsenic)

: 비소는 중세 시대에 많이 사용된 독 중 하나로, 독성이 강력하고 쉽게 구할 수 있어 주로 독살 목적으로 사용되었으며, 적은 양으로도 치명적인 독성을 가지고 있었다. 비소는 색과 향이 없어 은폐가 쉬운 데다가, 비소 중독은 식중독이나 콜레라와 같은 다른 일반적인 질병으로 오인되는 증상을 나타낸다. 비소는 소화기계를 통해 흡수되어 중독 증상을 유발하는데, 흔적이 거의 없어 미스터리한 독으로 여겨졌다.

사리풀잎(Hyoscyamus)

: 가지과인 사리풀에서 추출한 독으로, 약용 및 독살 목적으로 사용되었다. 이 독은 중추 신경계에 영향을 주고 말초 신경의 기능을 마비시킨다. 환각과 정신착란을 동반하여 더 고통스러운 죽음을 이르게 하는 독으로 알려져 있다. 적당한 용법으로 사용하면 약으로 작용해 민간요법에 사용되기도 했다.

헴록(hemlock)

: 중세 시대에 사용된 헴록은 치명적인 독성 식물로, 적을 은밀하게 제거하려는 사람들이 사용한 위험한 독이었다. 헴록은 매우 구하기 쉽고 독성이 강력하여 흔히 사용되던 독 중의 하나다.

독버섯

: 중세 시대에는 독버섯을 야생에서 흔하게 구할 수 있었으며 효과가 매우 치명적이었기 때문에 자주 사용된 독이다. 일부 독버섯은 유독한 화학물질인 아마톡신(amatoxin)을 함유하고 있어 인체에 심각한 중독을 일으킨다. 일반 버섯으로 오인하고 사망하는 사람들도 많았다. 특히 독버섯은 마녀들이 사용했다고 여겨진 독 중의 하나였다.

주목나무(Yew)

: 모든 부분은 독성이 있지만, 씨앗을 둘러싼 다육질 부분을 제외하고 섭취하면 죽음에 이를 수 있는 치명적인 식물로, 독화살이나 독칼 등 무기에 사용하여 살상력을 높였다.

협죽도(Nerium oleander)

: 다양한 색상의 선명한 꽃송이를 피워 관상용으로 사랑받아 온 협죽도는 식물의 모든 부분에 강력한 심장 배당체(cardiac glycosides)가 함유되어 있어 신부전, 복통, 메스꺼움, 발작 등 다양한 증상을 유발하는 위험한 독이다. 꽃이 아름다워 중세 시대 귀족들 정원을 채우기도 한 식물이다.

두 소녀와 협죽도(클림트)
Two Girls with an Oleander Bush (ca. 1890-1892)
Gustav Klimt (Austrian, 1862-1918)

레오나르도 다빈치의 비트루비안 맨
Leonardo da Vinci's Vitruvian Man (c. 1490)

르네상스 시대의 독

14세기~17세기 르네상스 시대는 유럽의 문화와 예술이 화려하게 꽃을 피우던 시대이다. 이 시기에는 학문과 연구가 활발하던 시기이기도 하여 독 연구와 독살에 관한 관심이 크게 증가하였다. 그러나 활발한 독의 연구는 독이 대중화되는 부작용을 낳기도 했다.

치명적이고 흔적이 남지 않는 독이 그동안 권력자와 상류층의 전유물이었다면, 르네상스 시기에는 독에 대한 지식이 퍼진 결과로 낙태약에서부터 쥐약에 이르기까지 다양한 독이 모든 계층의 일상생활에 스며들게 되었다.

문화적으로도 화려했던 시기여서 예술 작품과 문학 등에도 독은 자주 등장한다. 독은 예술가들에게 영감을 주는 소재였고, 문학에서 이야기를 반전시키거나 갈등을 고조시키는 중요한 요소가 되기도 했다.

르네상스 시대에 사용된 독

문화 발전과 부흥의 시기인 르네상스 시대에는 독에 관한 연구가 활발히 진행되어 독의 사용도 폭넓어졌다. 연구와 실험을 통해 식물과 동물에서 독을 얻고 정제하는 방법이 정교해져 더욱 치명적인 독이 개발된 시기이기도 하다. 르네상스 시대에 주로 언급되는 독은 다음과 같다.

비소(Arsenic)

: 비소는 가장 치명적인 독성 물질 중 하나로, 심장 마비나 호흡곤란 등을 일으킨다. 무미, 무취의 미세한 입자의 가루 형태로, 음식이나 음료에 섞어서 사용되었다. 정치계와 왕실에서 자주 사용되어 '왕의 독'이라는 별칭이 있을 정도였다. 보르지아 가문의 일원인 교황 알렉산데르 6세(Alexander PP. VI)의 미스터리한 죽음도 비소와 관련이 있다고 여겨진다. 하지만 워낙 은밀한 특성 때문에 이 부분은 아직도 역사의 논쟁으로 남아 있기도 하다.

백합 (Lily)

: 백합은 아름다운 꽃의 이면에 치명적인 독성이 숨겨져 있어서 양면성을 상징하여 예술가와 작가들이 사랑한 꽃이다. 백합 독은 인간에게는 피부 자극이나 메스꺼움, 구토 등의 알레르기 반응을 일으킬 수 있지만, 상당량 섭취 시 심장합병증이 발생하기도 한다. 백합은 고양이에게 더 위험한 독성 효과를 보인다. 꽃잎 하나를 씹는 것만으로 심각한 신장 손상을 일으킨다.

헴록(Hemlock)

: 헴록은 르네상스 시대에도 여전히 대중적이고 치명적인 독이었다. 많은 음모가 이 치명적인 식물과 관련이 되어 있다. 소량만 섭취해도 중추신경계에 영향을 주는 등 위험한 결과를 가져오는데, 1519년, 식사 후 갑작스러운 복통과 환각 및 마비 증세를 겪고 사망한 만토바(Mantua) 공작도 헴록 중독으로 의심되고 있다.

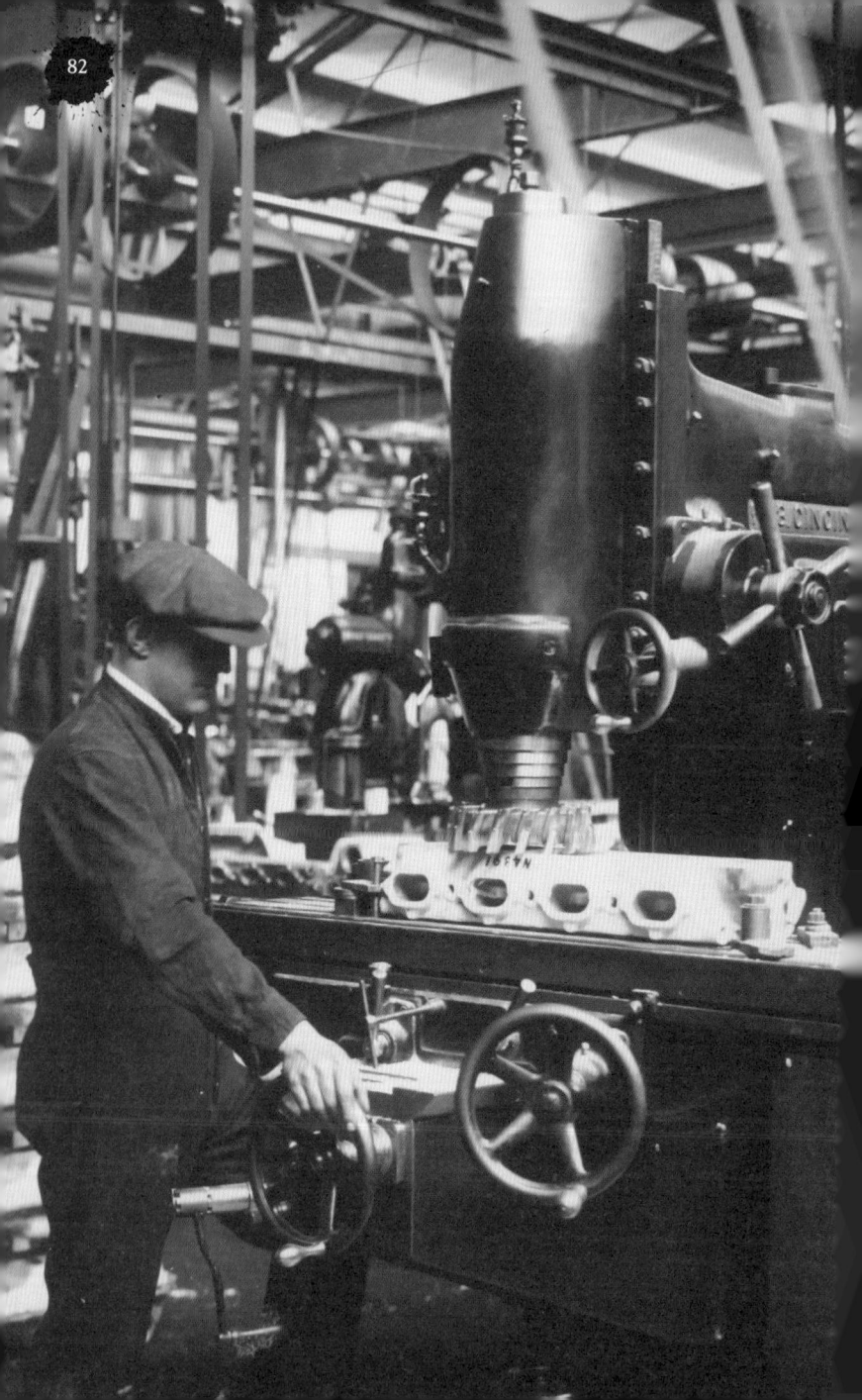

르네상스 이후와 산업혁명 시기의 독

　　17세기부터 19세기까지의 독 역사에는 다양한 사건과 기록이 있다. 비소나 헴록 등 전통적인 독에 의한 '독살' 사건도 여전히 일어나고 있었지만, 암살 도구로서의 독보다 18세기 일어난 산업혁명으로 새롭게 나타난 산업적 독이 더 문제가 되었다.

　　르네상스 시대 이후 축적된 독의 연구는 많은 희생자를 발생시켰고, 이는 독의 위험성을 사회적으로 공론화시켰다. 독의 과학적 분석도 시도되었다. 독의 위험성을 대중에게 알리는 경고와 함께 윤리적인 문제도 제기되었다.

　　하지만, 산업혁명 이후에는 사람에 의하여 제조된 독보다 산업화 과정에서 나타난 독성 물질이 더 문제가 되었다. 페인트나 배관의 납, 벽지의 비소, 펠트 모자 생산의 수은 등이 산업화 과정에서 새롭게 등장한 산업 독이다. 광범위한 중독 현상들이 사회에 퍼졌다.

　　영국의 법독성학자이자 의사인 알프레드 스웨인 테일러(Alfred Swaine Taylor)는 산업 독극물의 위험성을 연구하고 알리는 데 기여했다. 1848년에 출판된 그의 저서 "의학 법학 및 의학과 관련된 독성에 관하여"는 현대 독성학 분야의 초석이 되었다.

17~19세기에 사용된 독

17세기, 과학적 호기심의 폭발은 독의 활발한 연구로 이어졌다. 의사, 화학자, 식물학자들은 건강을 개선하기 위한 목적으로 독의 특성을 탐구하기 시작했다.

산업혁명 이후, 대규모 생산 공정과 새로운 생산 시스템으로 인해 사람들의 일상 생활에는 의도치않게 과다한 독성 물질이 넘쳐났다. 산업적 배출이 아직 규제되지 않았던 시기여서, 비소, 납, 수은과 같은 유해 물질이 광범위하게 유출되었고, 사람들의 건강을 심각하게 위협했다. 중독에 관한 연구는 이후 유해물질의 확산을 방지할 수 있는 독성학의 기초가 되었다.

이 시기에 문제시되었던 독은 다음과 같다.

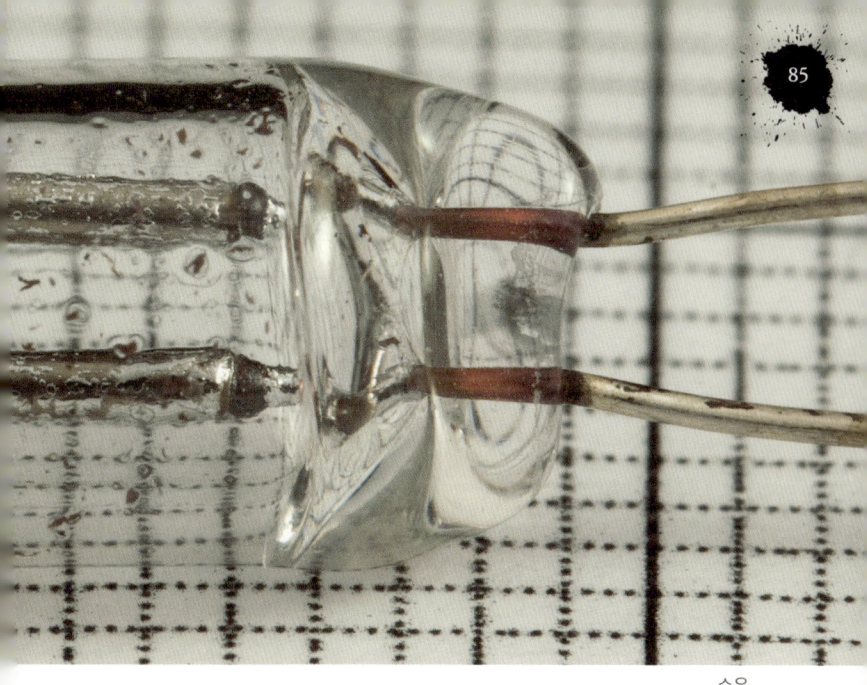

수은

수은 (Mercury)

: 수은은 상온에서 액체상태인 유일한 금속으로, 밀도가 높고 끓는 점이 높아 다양한 산업 분야에서 사용되었다. 19세기 인기있던 펠트 모자 생산 과정에는 질산 수은이 다량 사용되었는데, 이 과정에서 발생한 수은 중독은 경련, 정신 불안정의 증세 때문에 '미친 모자 장수 증후군'으로 알려진 직업병을 일으켰다.

수은은 의약품, 화장품, 화장품, 방부제로 사용되기도 했다. 하지만 수은은 중금속 독성이 있어 오랜 기간 노출되거나 과량으로 섭취하면 신경계 문제와 신체 손상을 일으킬 수 있는 독성물질이다.

비소 (Arsenic)

: 비소는 매우 치명적인 독성물질이지만, 역설적으로 17세기~19세기까지 다양한 산업분야에서 사용되었다. 비소는 강한 독성을 가지고 있어 호흡기, 소화기, 순환기 및 중추 신경계에 영향을 주지만, 농약, 살충제, 목재 보호제 의 기능을 높이는 데 효과적이었다. 농업과 관련된 사람들이 비소에 노출되어 심각한 건강 이상 증세를 보였다.

이 시기에는 녹색을 띈 빅토리아풍 벽지가 유행했는데, 이 벽지에는 비소가 함유되어 있었다. 벽지에서 기화한 비소의 독성 성분이 만성 비소 중독을 일으키기도 했다.

약용 목적이었으나 그 반대의 결과를 가져온 사례도 있었다. 18세기 후반 비소는 천식과 암 등의 다양한 질병 치료제로 판매되었다. '파울러의 해결책'이라는 이 처방은 수많은 비소 중독자를 만들었다.

1889년 11월 9일, 미국 몬태나주 헬레나의 헬레나 인디펜던트 신문에 실린 "피부톤을 살리는 비소 웨이퍼" 신문 광고.
November 9, 1889 newspaper advertisement for "Arsenic Complexion Wafers" in The Helena Independent newspaper, Helena, Montana, U.S.

구리 화합물 (Copper compounds)

: 구리 화합물은 주로 살충제나 농약, 살균제 등으로 사용되었는데, 농작물을 보호할 수는 있지만, 토양과 물이 오염되어 결과적으로 인간에게 되돌아오는 중독을 가져왔다. 구리는 일반 환경에서는 분해되지 않은 중금속으로 생체 내에 축적되며, 특히 수용성 구리 화합물 형태의 구리에 과도하게 노출되면 중독 증상을 유발하여 위장 장애, 빈혈, 심한 경우 간과 신장 손상을 일으킬 수 있다.

납 (Lead)

: 납은 페인트, 음료수 용기, 배관 시스템, 심지어 화장품 등에 흔하게 사용되던 물질이다. 납은 중금속 독성을 가지고 있어 신경계 문제와 발달 장애를 일으키며, 특히 어린이와 임신 중인 여성에게 더 위험하다. 축적된 납은 태아에게 전해져 심각한 세대 중독을 일으킨다.

현대의 독

19세기와 20세기 초반에는 독이 사용된 범죄가 증가했다. 유명한 독 사용 사례 중 하나는 유럽의 마약상들이 사업상 경쟁을 위해 독을 사용한 사건으로, 그들은 경쟁자를 제거하기 위해 독을 사용했다. 무자비하고 잔인한 방법으로 독을 사용하여, 많은 사람이 희생되었다.

현대에는 독의 과학적 연구가 눈부시게 진척된다. 독의 화학적 구조와 독성에 관한 연구는 현대과학 기술로 인하여 눈부시게 발전하였고, 독이 의학적인 용도로 사용되기 시작했다. 현재 독은 약물 중독이나 암 치료에 활용된다. 독성을 연구하여 독물의 검출 및 중독 대비에 활용되기도 한다.

20세기 중반부터는 독 사용이 불법으로 여겨져, 법적 규제가 강화되었으며, 독살이 범죄로 간주하기 시작했다. 과거에 비해 현대의 독 사건은 훨씬 적게 발생한다. 살인에 대한 윤리적인 인식 또한 대중화되어서, 안전성과 윤리적인 측면 모두에서 독은 규제되고 있다.

현대의 독 활용 사례

독을 이용한 범죄와 중독

: 과거에 비해 훨씬 적은 비중이기는 하지만, 현대에도 녹은 여전히 범죄 행위나 자체 중독에 사용되고 있다. 러시아의 나발니(Alexei Navalny) 음독 사건이나 세르게이 스크리팔(Sergei and Yulia Skripal)과 그의 딸 율리아의 노비촉(Novichok) 독살 사건 등이 그 예이다. 노비촉은 신경 작용제 독으로, 정치적인 적을 제거하거나, 목표물을 은밀하게 살해할 때 사용되는 신종 독이다. 노비촉처럼 현대에 사용되는 신종 독은 전통 독에 비해 더 치명적이고 흔적의 추적이 어렵다는 특징이 있다.

테러와 전쟁에서의 독 사용

: 독은 사린가스 테러 사건과 같이 테러리스트들이 공격에 활용할 수 있는 위험한 무기가 된다. 특히, 생화학적 독성 무기는 전쟁이나 테러와 같은 대규모 공격에 사용될 수 있는 잠재력을 가지고 있어 매우 위험한 물질로 분류되고 있다. 국제 사회는 특히 독에 의한 테러 예방에 주목하고, 독의 불법 생산과 유통을 막기 위해 노력하고 있으며, 국제 협력과 정보 공유를 강화하고 있다. 1975년에 비준된 생물 무기 협약은 이러한 노력의 전형이며, 183개 국가가 생물 및 독소 무기의 개발, 생산 및 획득을 금지하기로 한 협약이다.

자살과 자해

: 독은 그 치명성이나 위험성 때문에 여전히 자살이나 자해에 악용된다. 독 중독으로 인한 자살 사례는 많다. 이 사례는 정신 건강 분야에서 중요한 문제로 간주되며, 예방과 대응을 위해 정신 건강 지원과 위기 상황 대처 방법이 강조되고 있다. 독극물 통제 센터, 정신 건강 지원 서비스 등의 공조도 함께 진행되고 있다.

식품 안전과 독 검출

: 현대에는 식품 안전과 관련하여 독의 검출과 독의 남용에 대한 예방이 중요한 이슈로 대두되고 있다. 독성 성분이 식품에 불법적으로 첨가되는 경우 식품 위생과 소비자 건강에 심각한 위협을 가할 수 있으므로 정부와 미국 식품의약청(FDA)과 같은 규제 기관, 의료 기관 등은 식품 안전 강화와 독 검출 기술 개발에 힘쓰고 있다.

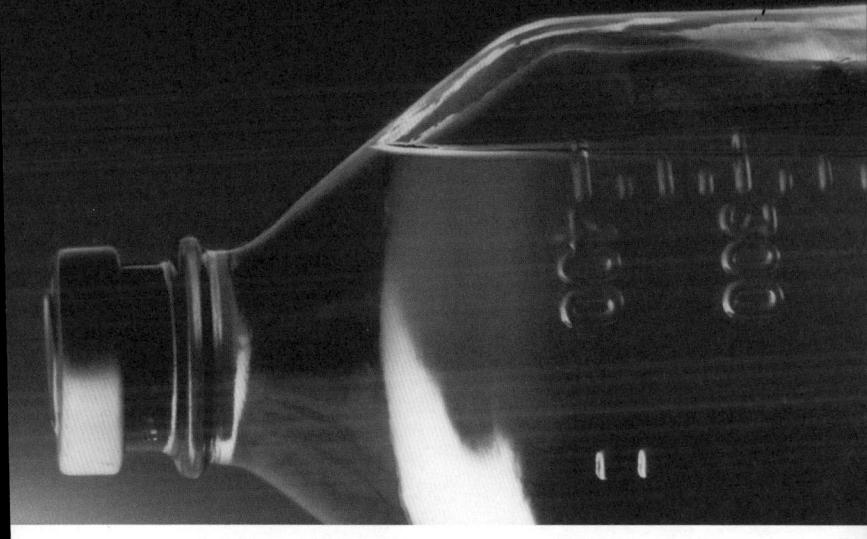

화학물질 규제와 독 대응:

: 현대에는 독과 같은 위험한 화학물질에 대한 규제와 대응 시스템이 구축되어 있다. 많은 국가에서는 독과 관련된 화학물질에 대해 생산, 판매, 보관, 운송을 규제하고 있으며, 국제적인 화학무기 금지 조약 등을 통해 독의 불법 사용을 방지하고자 노력하고 있다.

의료 분야에서의 독 사용

: 현대의 독은 의료 분야에서 더 활발하게 응용된다. 암 치료에 사용되는 화학 요법은 일종의 독을 사용하여 암세포를 파괴하는 치료법이다. 독은 진통제나 마취제의 원료에도 사용된다.

독물학 toxicology

독물학(독성학)은 생물학, 화학, 약리학, 의학이 교차하는 학제 간 과학 분야로, 화학물질이 생명체에 미치는 유해한 영향을 조사하고, 독성 노출의 진단과 관리를 연구한다. 독성학에서 용량-반응 관계는 매우 중요하다. 용량, 노출 기간(급성 또는 만성), 노출 경로, 종, 나이, 성별, 환경 등 다양한 요인이 독성에 영향을 미치기 때문이다.

독물학자는 독극물과 중독을 전문으로 하며 광범위한 증거 기반 관행에 따라 증거 기반 독성학을 연구한다. 현재 독성학은 암 연구에 크게 기여하고 있으며, 특정 독소가 종양 세포를 제거하는 약물로 어떻게 작용할 수 있는지 연구하고 있다. 리보솜(ribosome) 비활성화 단백질은 백혈병 치료를 위해 연구 중인 대표적인 독의 예이다.

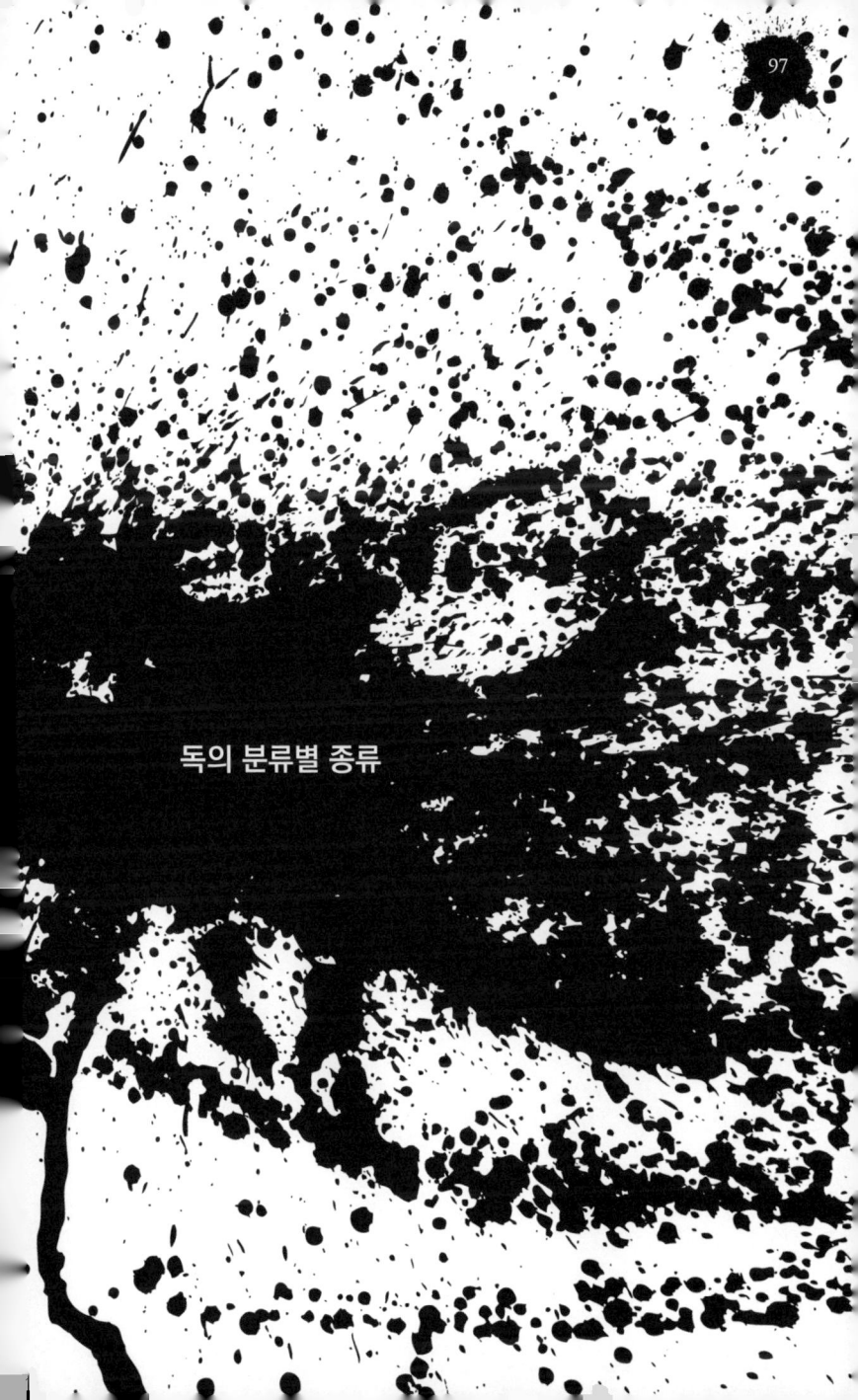

독의 분류별 종류

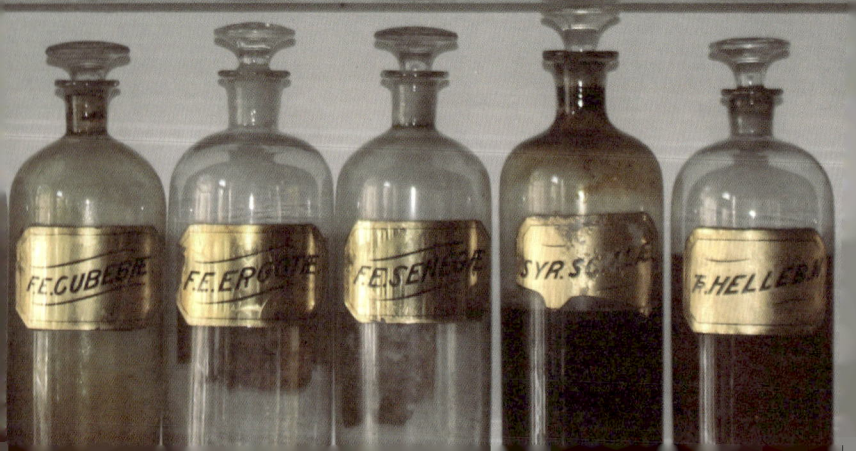

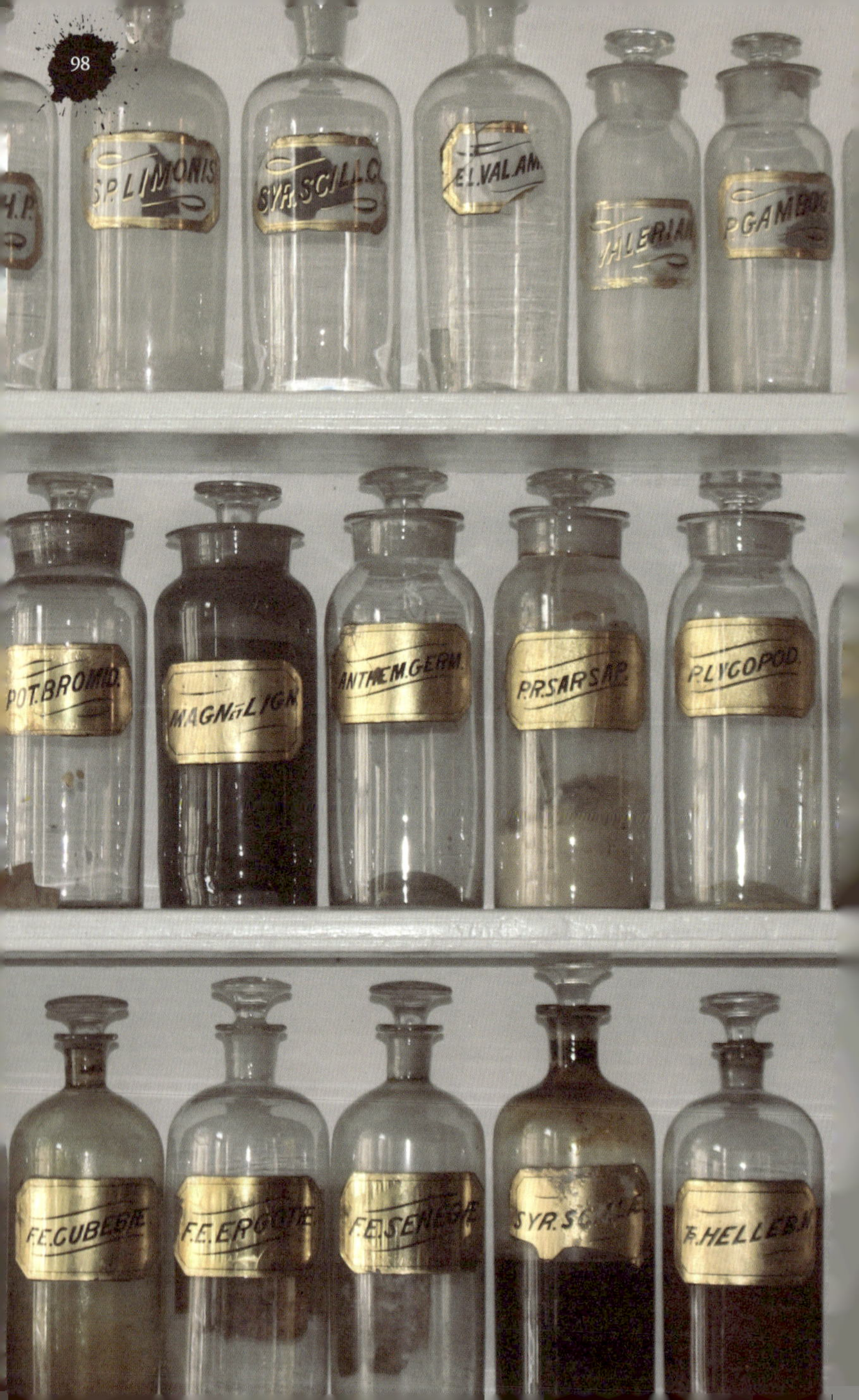
S.P. LIMONIS
EL. VAL. AM.
POT. BROMID.
ANTHEM. GERM.
P.R. SARSAP.
P. LYCOPOD.
F.E. CUBEBÆ
F.E. SENEGÆ

독의 분류 방법

일반적 분류

독은 다양한 기준에 따라 분류될 수 있다. 가장 일반적인 분류는 독의 성질로 분류하는 방법으로, 식물성 독, 동물성 독, 버섯 독 등 독의 원 성분으로 분류된다.

생성 방식에 따른 분류

천연 독

: 식물이나 동물에서 자연적으로 생성되는 독으로, 맹독을 지닌 뱀의 독이나 식물의 독성 물질이 해당된다. 천연 독은 보유체 자체가 독으로 활용되기도 하지만, 독의 특성 때문에 문화적으로도 독특한 현상를 형성하기도 한다. 많은 문화권에서 뱀은 뱀독의 치명성 때문에 두려움의 대상이지만, 신적인 존재로 숭배되기도 한다.

인공 독

: 인공 독은 인간의 연구나 발명으로 탄생한 독이다. 인위적으로 합성되거나 가공된 독으로, 화학물질이나 독극물 등이 속한다. 인공 독은 연구, 산업 또는 군사적인 목적으로 사용된다. 과학의 발전에 따라 점차 더 복잡하고 정교한 인공 독이 개발되기도 한다.

미생물 독

: 세균, 바이러스 또는 기타 미생물이 생성하는 독으로, 식중독이나 감염병의 원인이 된다. 미생물은 일반적으로 음식, 공기, 물속에 존재하여 평소에는 특이점이 발생하지 않지만, 특정 조건에서 변성하여 독을 생성하거나, 특정 대상에 치명적인 독성을 가한다. 생물학적 무기로 개발될 가능성이 있는 위험한 독이기도 하다.

방사능 독

: 방사성 물질에 의해 발생하는 독으로, 방사선에 노출되면 생체에 해로운 영향을 준다. 방사능 독은 인간이 원자력을 개발하면서 대두된 새로운 독이기도 하다. 화학구조를 특징으로 하는 다른 독극물과는 달리 방사능 독은 불안정한 원자핵으로 인하여 매우 강력하고 독특한 독성 성분을 띈다.

식물성 독

　　　식물성 독은 포식자, 초식동물, 병원균에 대한 자체 방어를 위해 식물이 생성하는 독성 물질이다. 사람이나 동물이 섭취하거나 피부 등에 노출될 경우 해로운 결과를 가져오기도 한다.

　　　식물성 독의 화학적 성분은 독을 생산하는 식물군 만큼 다양하다. 식물성 독에 포함된 알칼로이드(alkaloid), 글리코사이드(glycoside), 렉틴(lectin) 등은 치명적인 성분으로 해을 입히거나 사망에 이르게 할 수 있다.

　　　알칼로이드는 담배의 니코틴, 커피의 카페인, 아편 양귀비의 모르핀과 같이 다양한 식물에서 발견되는 질소 함유 화합물이다. 글리코사이드는 디기탈리스 식물(Digitalis purpurea)군의 잎과 꽃에서 추출되는 식물성 독으로, 당 분자와 비당 분자로 구성된 화합물이다. 렉틴은 피마자 콩류에서 생성되며, 세포의 응집을 유발할 수 있는 단백질이다.

　　　　식물성 독은 역사적으로 사냥, 전쟁, 의약 등 다양한 목적으로 사용됐다. 남아메리카 원주민이 사냥을 위해 사용하는 독인 큐라레(curare)에는 근육을 마비시켜 호흡 부전과 사망에 이르게 하는 알칼로이드 성분이 포함되어 있다. 고대부터 흔하게 사용된 아트로파 벨라돈나(Atropa Belladonna)에는 환각과 정신착란을 유발할 수 있는 알칼로이드가 함유되어 있으며 독, 약용 및 미용 목적의 화장품 등으로 사용되기도 하였다.

사냥용 독침으로 사용된 독, 큐라레
The Andes and the Amazon -bor across
the continent of South America (1876)

식물성 독의 종류

아코니툼(Aconitum spp.), 아코나이트

: 아코나이트(Aconite) 또는 수도승의 투구꽃으로 알려진 아코니툼은 독성이 강한 꽃 식물종으로, 전 세계 여러 지역에서 발견되며, 독특한 헬멧 모양의 꽃이 특징이다. 식물의 모든 부분에는 아코니틴을 포함한 강력한 신경 독소가 함유되어 있어 부적절하게 섭취하거나 취급할 경우 심각한 중독을 일으킬 수 있다. 역사적으로 전통 의학 및 사냥용으로 사용되었지만, 독성이 매우 강해 현재는 치명적인 식물로 분류된다.

세베라 오돌람(Cerbera odollam), 자살나무

: 자살나무(suicide tree) 또는 퐁퐁(pong-pong)이라고도 불리는 세베라 오돌람은 아시아와 인도양 섬의 열대 지역에서 자라는 독성이 강한 상록수다. 이 나무는 흰색의 향기로운 꽃과 독성 씨앗이 들어 있는 크고 녹색의 열

아코니툼(Aconitum)

매를 맺는다. 씨앗에는 세베린(cerberin), 디곡신(digoxin) 타입의 카데놀라이드(cardenolide), 그리고 심장 근육의 칼슘 이온 통로를 차단하여 심장 박동을 방해하는 심장 배당체(cardiac glycosides)가 함유되어 있어 섭취하면 치명적일 수 있다. 치명적인 특성 때문에 자살과 살인 사건에 많이 사용되었다.

톡소덴드론(Toxicodendron spp.), 포이즌 아이비

: 톡소덴드론은 포이즌 아이비(poison ivy), 포이즌 오크(poison oak)를 포함하는 식물 속으로, 북미의 여러 지역에서 발견된다. 수지물질인 우루시올(urushiol)이 함유되어 있어 피부 자극과 알레르기 반응을 일으킬 수 있다. 이 식물의 어느 부위든 접촉하면 가려움증, 발적, 물집, 부종 등이 발생한다. 포이즌 아이비는 잎이 3개, 포이즌 오크는 잎이 3~5개 배열되어 있다.

아트로파 벨라돈나(Atropa belladonna), 나이트쉐이드

: 나이트쉐이드(deadly nightshade)로 알려진 아트로파 벨라돈나는 유럽, 아시아, 북아프리카에서 발견되는 독성이 강한 다년생 식물이다. 종 모양의 보라색 꽃과 광택이 나는 검은색 열매가 있는데, 식물의 모든 부분에는 아트로핀(atropine), 스코폴라민(scopolamine), 효시아민(hyoscyamine)을 포함한 트로판 알칼로이드(deadly nightshade)가 함유되어 있어 독성이 매우 강하다. 소량만 섭취해도 시야 흐림, 환각, 심부전 증상이 나타나며, 심하면 사망에 이를 수 있다. 역사적으로 여성들이 동공을 확장하기 위해 화장품으로 사용하여 이름이 이탈리아어로 '아름다운 아가씨'라는 뜻의 '벨라돈나'가 되었다.

아도니스 버날리스(Adonis vernalis), 노란 꿩의 눈

: 봄 아도니스 또는 노란 꿩의 눈으로 알려진 아도니스 버날리스는 유럽과 아시아에 자생하는 다년생 초본 식물로, 깃털이 달린 고사리 같은 잎이 달린 밝은 노란색 꽃으로 유명하다. 아름다운 외형에도 불구하고 식물의 모든 부분에는 아도니딘(adonidin)과 아코니트산(aconitic acid)과 같은 심장 자극 화합물이 함유되어 있어 섭취하면 매우 해롭다. 전통 의학에서도 독성 때문에 매우 조심스럽게 다뤄졌다. 꽃의 아름다움 때문에 현재는 관상용으로도 많이 재배되고 있다.

벨라돈나
Atropa belladonna
Köhler-s_Medizinal-Pflanzen

아퀼레지아Aquilegia(columbines)

아퀼레지아(Aquilegia spp.), 콜럼바인

: 콜럼바인(columbines)으로 알려진 아퀼레지아는 북미, 유럽 및 아시아에 자생하는 초본 다년생 식물이다. 갈퀴가 달린 독특한 종 모양의 꽃이 특징이다. 꽃의 모양이 독수리의 발톱을 닮아, 아퀼레지아라는 속명은 라틴어 '아퀼라' 또는 '독수리'에서 유래되었다. 콜럼바인의 모든 부분에는 섭취 시 해로울 수 있는 심장 유발 독소가 포함되어 있다.

아스쿨루스 히포카스타
(Aesculus hippocastanum)

: 칠엽수(horse chestnut)과로 알려진 아스쿨루스 히포카스타늄은 남동부 유럽에 자생하는 큰 낙엽수로, 분홍색 또는 노란색의 장식이 있는 화려한 흰색 꽃과 흔히 콘커(conker)라고 불리는 광택이 나는 갈색 씨앗이 들어 있는 독특한 가시 열매를 가지고 있다. 콘커는 주로 사포닌과 같은 독성 화합물로 인해 먹을 수 없다. 하지만 칠엽수 씨앗 추출물은 순환계 및 항염증 목적으로 전통 의학에서 활용됐다. 관상용 및 약용 가치에도 불구하고 날것의 씨앗에는 독성이 있는 글리코사이드와 사포닌 성분이 있어 섭취하면 심각한 위장 장애 및 기타 부작용이 발생할 수 있다.

아제라티나 알티시마(Ageratina altissima), 화이트 스네이크루트

: 화이트 스네이크루트(white snakeroot)로 알려진 아제라티나 알티시마는 북아메리카가 원산지인 초본 다년생 식물로, 작은 흰색 꽃송이를 피우고 톱니가 있는 잎을 가지고 있다. 해가 없어 보이지만 트레메톨(tremetol)이라는 독성 화합물을 함유하고 있다. 인간에게 직접적인 위협이 되지 않지만, 가축이 섭취하면 경련 혹은 밀크병(milk sickness)을 유발한다.

네리움 올렌더(Nerium oleander), 협죽도

: 협죽도는 지중해 지역과 아시아 일부에 자생하는 아름답지만, 독성이 강한 상록 관목이다. 여름 내내 흰색, 분홍색, 빨간색, 노란색 등 다양한 색상의 화려한 깔때기 모양의 꽃이 무리 지어 피는데, 그 매력에도 불구하고 수액, 잎, 꽃을 포함한 식물의 모든 부분에는 올레안드린(oleandrin)과 네리인(neriine) 같은 독성 화합물이 함유되어 있어 섭취하면 치명적일 수 있다. 올랜더 수액은 피부 자극, 눈 염증, 피부염 등의 알레르기 반응을 일으킬 수 있어 협죽도를 가지치기하거나 제거할 때에는 주의가 필요하다.

시쿠타(Cicuta spp.), 워터헴록

: 워터헴록(water hemlock)으로 알려진 시쿠타과 식물은 북미와 유럽에서 발견되는 독성이 강한 식물이다. 작은 흰색 꽃이 무리 지어 피며 야생 당근이나 파스닙(parsnips)과 같은 식용 식물로 착각하는 경우가 많다. 식물의 모든 부분, 특히 뿌리에는 치명적인 시큐톡신(cicutoxin)이 함유되어 있어 섭취하면 심각한 중독을 일으킨다. 증상으로는 경련, 호흡 부전이 있으며 심각한 경우 사망에 이를 수도 있다.

협죽도
An Oleander
Lawrence Alma-Tadema
(English, 1836-1912)

맨드레이크를 그린 일러스트
Hans Biedermann, Medicina Magica.
Graz : Akademische Druck- und Verlagsanstalt, 1978

카스카벨라 테베티아(Cascabela thevetia)

: 중남미에 서식하는 열대 상록 관목 또는 작은 나무이다. 눈에 띄는 노란색 깔때기 모양의 꽃과 독성 씨앗이 들어 있는 녹색의 길쭉한 열매를 맺는다. 식물의 모든 부분, 특히 씨앗에는 카르데놀라이드(cardenolidesvoside)와 페루보사이드(peruvoside), 베톡신(vetoxin) 등의 심장 배당체(cardiac glycosides)가 함유되어 있어 섭취하면 매우 해롭다. 독성이 있음에도 불구하고 인도 힌두교 문화에서는 종교적인 목적이나 전통 의약품으로 사용되었지만, 악용되는 사례도 많다.

아레카 카테추(Areca catechu), 빈랑 야자

: 빈랑 야자(betel nut palm)라고 알려진 아레카 카테추는 동남아시아와 태평양 섬에 서식하는 야자수의 한 종류이다. 많은 문화권에서 가벼운 각성제로 씹어 먹기 위해 재배한다. 열매는 소석회나 담배로 빈랑잎에 싸서 먹기도 한다. 빈랑을 씹으면 치아에 착색이 생길 수 있으며, 구강 건강 문제 및 기타 건강 위험을 초래할 수 있다.

만드라고라 오피시나룸(Mandragora officinarum), 맨드레이크

: 맨드레이크(mandrake)라고 알려진 만드라고라 오피시나룸은 지중해 지역에 서식하는 초본 식물이다. 맨드레이크는 신비로운 약용으로 오랜 역사를 가지고 있으며, 민속 및 마법에도 자주 등장한다. 맨드레이크는 크고 짙은 녹색 잎을 가지고 있으며 종 모양의 꽃과 노란색 또는 주황색 열매를 맺는다. 뿌리가 가장 강력하며 역사적으로 다양한 약용 및 의식 용도로 사용됐다. 그러나 식물의 모든 부분에는 트로판 알칼로이드가 함유되고 있어 환각, 섬망 효과와 함께 질식을 일으킨다.

코늄 마쿨라툼(Conium maculatum), 헴록

: 헴록(hemlock)이라고도 알려진 코늄 마쿨라툼은 유럽, 북아프리카, 아시아 및 북미 일부 지역에서 발견되는 독성이 강한 두해살이 식물이다. 보라색 반점이 있는 키가 크고 속이 빈 줄기와 작은 흰색 꽃이 모여 있다. 식물의 모든 부분에는 맹독성 알칼로이드인 코닌(coniine)과 감마-코니신(gamma-coniceine)을 포함한 강력한 신경 독소가 포함되어 있으며, 섭취하면 치명적이다. 포이즌 헴록은 야생 당근과 같은 식용 식물과 비슷하지만, 섭취하면 메스꺼움, 마비, 호흡 부전 등의 증상을 유발한다. 역사적으로 독살이나 사형 집행에 흔하게 사용되던 식물이다.

콘솔리다(Consolida spp.), 미나리아재비

: 미나리아재비(larkspur)로 알려진 콘솔리다과 식물은 미나리과에 속하는 일년생 또는 다년생 꽃식물로, 유럽과 아시아가 원산지다. 미나리아재비는 파란색, 보라색, 분홍색, 흰색의 화려한 꽃이 키가 큰 스파이크 모양으로 피어나는 것으로 유명하다. 매력적인 꽃을 피우지만, 식물의 모든 부분에는 델피닌(delphinine)과 같은 독성 알칼로이드가 함유되어 있어 섭취하면 중독 증상을 일으킨다.

코리아리아 미르티폴리아(Coriaria myrtifolia)

: 레둘(redoul)이라고도 알려진 코리아리아 미르티폴리아는 지중해 지역에 자생하는 관목 또는 작은 나무로, 짙은 녹색의 광택이 나는 잎을 가지고 있으며 작고 진한 보라색 또는 검은색 열매를 맺는다. 레둘은 강력한 신경 독소인 코리아미르틴(coriamyrtin)을 함유하고 있어 독성이 매우 강해, 레둘의 일부, 특히 열매를 섭취하면 구토, 현기증, 경련과 같은 증상을 동반하는 심각한 중독을 일으킨다.

코늄 마큘라툼(헴록, hemlock)
Köhler-s_Medizinal-Pflanzen

디기탈리스 퍼퓨레아
Digitalis purpurea

엑코에카리아 아갈로차
Excoecaria agallocha

다투라
Datura

디기탈리스 퍼퓨레아(Digitalis purpurea), 폭스글로브

: 디기탈리스 퍼퓨레아는 흔히 디기탈리스 혹은 폭스 글로브(foxglove)로 알려진 유럽 원산의 2년생 또는 다년생 꽃 식물로, 분홍색, 보라색, 흰색의 종 모양의 꽃이 키가 큰 스파이크 모양으로 피어나는 것이 특징이다. 디기탈리스 꽃은 아름답지만, 식물의 모든 부분에 독성이 있어 심장에 문제를 일으킬 수 있다. 디기탈리브는 전통 의학에서 심장 질환을 치료하는 데 사용됐지만, 적절한 전문 지식과 주의를 기울이지 않으면 위험할 수 있다.

엑코에카리아 아갈로차(Excoecaria agallocha)

: 밀크 맹그로브(milky mangrove)라고 불리는 엑코에카리아 아갈로차는 열대 및 아열대 지역의 해안 맹그로브 서식지에서 볼 수 있는 중소형 상록수로, 반짝이는 녹색 잎을 가지고 있으며 유백색 수액을 뿜어낸다. 수액은 독성이 강하고 피부와 눈에 자극을 줄 수 있어 '눈을 멀게 하는 맹그로브'라는 별명이 있다.

다투라(Datura spp.), 짐슨위드

: 짐슨위드(jimson weed)라고 불리는 다투라는 전 세계, 특히 열대 및 아열대 지역에서 발견되는 꽃 식물의 속으로, 커다란 나팔 모양의 꽃과 독특한 가시 열매를 맺는다. 다투라에는 스코폴라민(scopolamine), 효시아민(hyoscyamine), 아트로핀(atropine)과 같은 강력한 트로판 알칼로이드가 함유되어 있어 독성이 매우 강하다. 섭취하면 환각, 정신착란, 심부전을 일으키고, 심지어 사망에 이르는 심각한 중독으로 이어질 수 있다. 독성이 있음에도 불구하고 다투라는 역사적으로 전통 의학 및 영적 또는 샤머니즘 관행에 사용되기도 하였다.

리시누스 커뮤니스(Ricinus communis), 피마자 콩

: 리신(ricin) 혹은 피마자 콩(castor bean plant)으로 알려진 리시누스 커뮤니스는 아프리카가 원산지인 열대 다년생 관목으로 전 세계 여러 지역에서 재배되고 있다. 유포르비과(Euphorbiaceae)에 속하는 피마자는, 크고 광택이 나는 손바닥 모양의 잎을 가지고 있으며 피마자 콩으로 알려진 씨앗이 들어 있는 뾰족한 열매를 맺는다. 이 씨앗은 다양한 산업 및 의약 용도로 사용되는 피마자유의 원천이다. 하지만 피마자 콩에는 다량 섭취하면 치명적일 수 있는 독성이 강한 단백질인 리신(ricin)이 함유되어 있으므로 주의가 필요한데, 씨앗에서 피마자유를 추출하는 것은 숙련된 전문가가 통제된 조건에서 수행해야 한다.

히오시야무스 니제르(Hyoscyamus niger), 헨베인

: 헨베인(henbane)로 알려진 히오시야무스 니제르는 유럽과 아시아에 자생하는 독성 2년생 식물이다. 녹색의 털이 많은 잎을 가지고 있으며 자주색 정맥이 있는 관 모양의 황갈색 꽃을 피운다. 헨베인에는 효시아민(hyoscyamine)과 스코폴라민(scopolamine)을 포함한 트로판 알칼로이드가 함유되어 있어 식물의 어떤 부분이라도 섭취하면 심각한 중독을 일으켜 환각, 정신착란 증세나 나타나며, 심지어 사망에 이를 수 있다. 헨베인은 전통 의학 및 주술에 오랫동안 사용됐지만, 그 위험한 효과로 인해 실제 적용에는 부적합하다.

리시누스 커뮤니스(리신)
Ricinus communis

122

스트리크노스 눅스보미카
Strychnos nux-vomica
Köhler-s Medizinal-Pflanzen

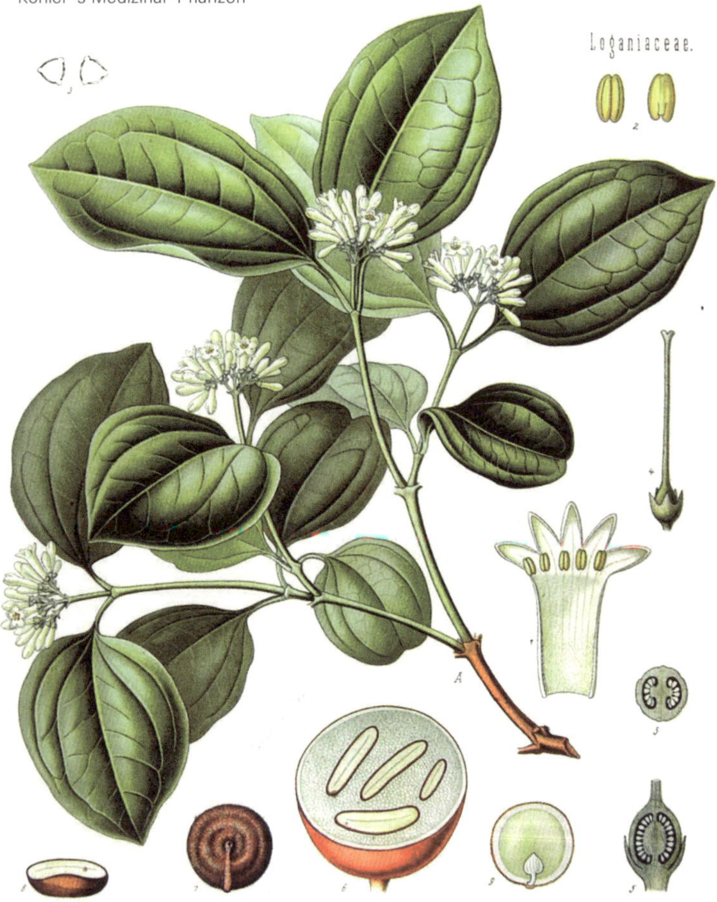

Strychnos Nux vomica L.

솔라눔 둘카마라(Solanum dulcamara), 비터스위트 나이트쉐이드

: 비터스위트 나이트쉐이드(bittersweet nightshade) 또는 우디 나이트쉐이드(woody nightshade)로 알려진 솔라눔 둘카마라는 유럽, 아시아 및 북미에서 자라는 다년생 덩굴 또는 관목으로 솔라나세아과(Solanaceae)에 속한다. 작은 별 모양의 보라색 꽃과 붉은 열매를 맺는다. 비터스위트 나이트쉐이드에는 솔라닌(solanine)과 솔라소딘(solasodine)을 포함한 독성 화합물이 함유되어 있어 섭취하면 잠재적으로 해로울 수 있다. 역사적으로 특정 목적으로 전통 의학에서 사용됐지만, 독성이 있어서 사용을 권장하지 않는다.

스트리크노스 눅스보미카(Strychnos nux-vomica)

: 스트리크닌 나무(strychnine tree)로 알려진 스트리크노스 눅스보미카는 남아시아 및 동남아시아에 자생하는 중소형 나무로, 스트리크닌(strychnine)과 브루신(brucine) 알칼로이드를 함유한 독성 씨앗으로 악명이 높다. 이 화합물은 강력한 신경 독소로 작용하여 중추 신경계에 영향을 미친다. 역사적으로 이 씨앗은 다양한 질병에 대한 전통적인 치료제로 사용되었지만, 독성이 매우 강해 일정량 이상을 사용하면 중독 및 사망 위험이 크다. 녹황색 별 모양의 꽃과 씨앗이 들어 있는 주황색 열매를 맺는데, 독성이 있음에도 불구하고 씨앗은 일부 문화권에서 각성제 및 구토 완화제로 사용됐다.

브루그만시아(Brugmansia spp.)

: 천사의 나팔(angel's trumpets)이라고도 불리는 브루그만시아는 남아메리카가 원산지인 꽃 식물로, 나팔 모양의 커다란 꽃이 아래로 늘어져 저녁에 기분 좋은 향기를 발산하는 것으로 유명하다. 아름다움에도 불구하고 식물의 모든 부분에는 스코폴라민(scopolamine)과 아트로핀(atropine)을 포함한 독성 알칼로이드가 포함되어 있다. 식물을 섭취하거나 만지면 심각한 중독을 일으켜 환각, 정신 착란 및 마비를 일으킨다. 독성이 강하기 때문에 매우 조심스럽게 다루어야 한다.

다프네(Daphne spp.)

: 다프네는 유럽, 아시아, 아프리카에 자생하는 다양한 종으로 구성된 꽃 식물의 속이다. 흰색, 분홍색, 보라색 등 다양한 색상의 향기롭고 화려한 꽃으로 사랑받으며 정원과 조경에서 관상용으로 가치가 높지만 식물의 모든 부분, 특히 열매는 섭취할 경우 독성이 있다. 다프네에는 다프닌(daphnin)과 메제레인(mezerein) 등 독성 화합물이 함유되어 있어 심각한 위장 장애 및 기타 부작용을 일으킬 수 있다.

헤라클레움 만테가지아눔(Heracleum mantegazzianum)

: 흔히 자이언트 호그위드(giant hogweed)로 알려진 헤라클레움 만테가지아눔은 유라시아 코카서스 지역에서 자생하는 매우 침입성이 강하고 위험한 식물이다. 자이언트 호그위드는 최대 15피트 높이까지 자랄 수 있으며 흰색 우산 모양의 커다란 꽃송이가 특징이다. 이 식물은 시각적으로 눈에 띄지만 심한 피부 화상과 물집을 일으킬 수 있는 독성 수액을 함유하고 있다. 인간과 환경에 대한 추가 확산 및 잠재적 피해를 방지하기 위해 방제 및 박멸이 권장되는 식물이기도 하다.

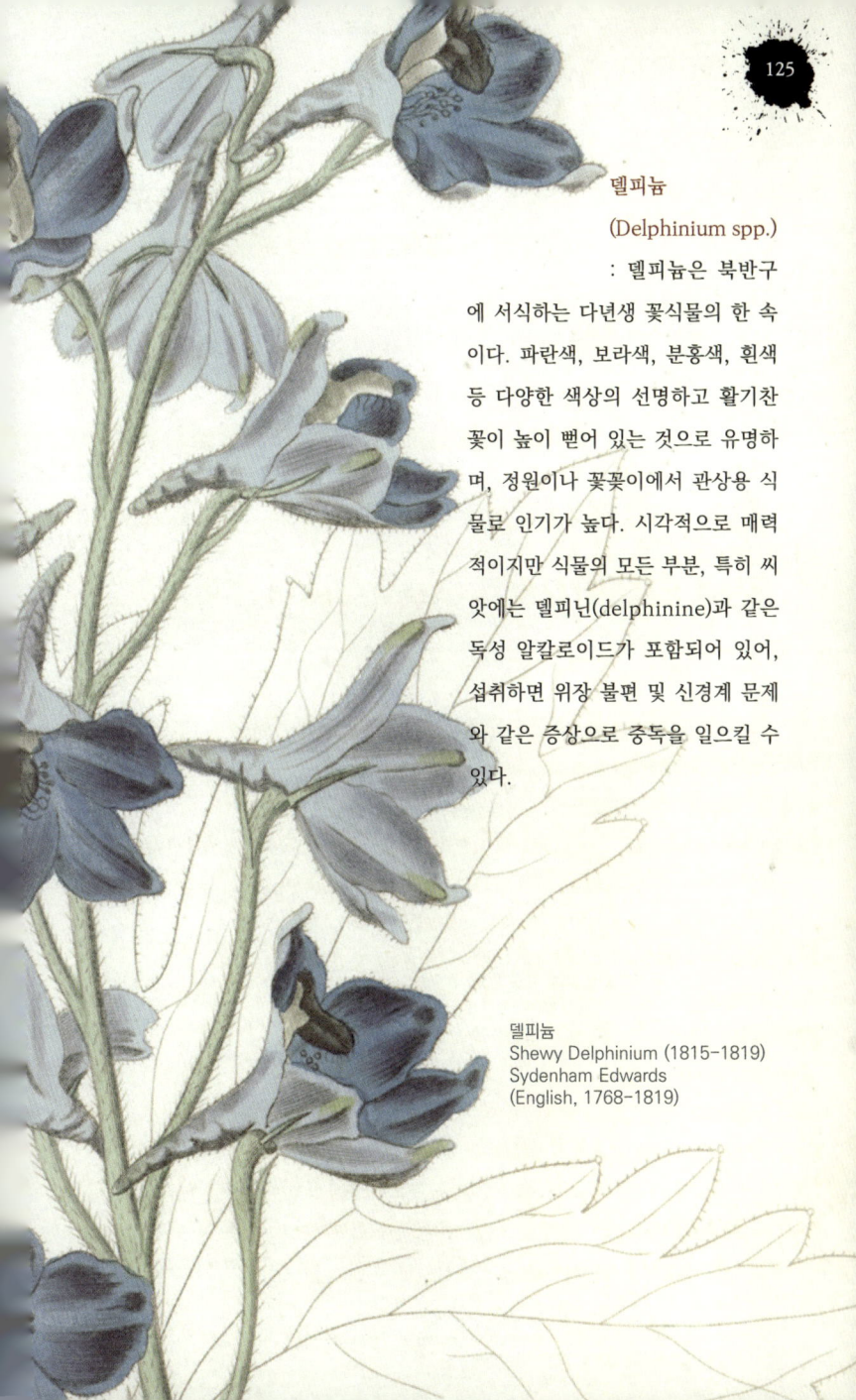

델피늄

(Delphinium spp.)

: 델피늄은 북반구에 서식하는 다년생 꽃식물의 한 속이다. 파란색, 보라색, 분홍색, 흰색 등 다양한 색상의 선명하고 활기찬 꽃이 높이 뻗어 있는 것으로 유명하며, 정원이나 꽃꽂이에서 관상용 식물로 인기가 높다. 시각적으로 매력적이지만 식물의 모든 부분, 특히 씨앗에는 델피닌(delphinine)과 같은 독성 알칼로이드가 포함되어 있어, 섭취하면 위장 불편 및 신경계 문제와 같은 증상으로 중독을 일으킬 수 있다.

델피늄
Shewy Delphinium (1815-1819)
Sydenham Edwards
(English, 1768-1819)

식물성 독이 사용된 기록과 사건

호메로스(Homeros)의 일리아드 오딧세이(Iliad-Odyssei)

: 기원전 8세기에 고대 그리스에서 쓰여진 이 서사시에는 독화살에 대한 언급이 있다. 일리아드 제4권에서 트로이의 전사 판다로스(Pandaros)가 독화살을 사용하여 그리스 영웅 디오메데스(Diomedes)에게 부상을 입히는 장면에서, '검고 치명적'이라는 물질을 묘사하는데, 독초로 만들어졌을 가능성이 크다.

오비디우스(Ovidius)의 서사시
변신이야기(Metamorphoses)

: 기원전 1세기 고대 로마에서 쓰인 이 서사시는 변신과 변화라는 주제를 다룬 이야기 모음집이다. 변신이야기 제9권에는 비블리스(Byblis)라는 여인이 식물성 독즙을 마시고 샘으로 변하는 과정을 묘사한다. 비블리스

비블리스
Biblis by William-Adolphe Bouguereau (1884).

는 자신의 쌍둥이 오빠를 짝사랑한 나머지 열정에 사로잡혀 마녀를 찾아가 독이 든 식물로 만든 물약을 구하는데, 이 물약을 마신 비블리스는 인간의 모습을 잃고 자연과 합쳐지게 된다.

헤로도토스(Herodotus)의 역사(Histories)

: 기원전 5세기, 고대 그리스에서 쓰여진 '역사'는 서양 문학에서 최초의 역사 작품 중 하나로 꼽힌다. 헤로도토스는 '역사' 제4권에서 헬레보어(Hellebore)를 정화 및 정신 질환 치료제로 사용하는 방법을 설명한다. 헬레보어는 유럽과 아시아의 산악 지역에서 자라는 유독성 식물로, 헤로도토스는 그리스인들이 '광기를 몰아내고', '정신을 맑게 하는' 힘이 헬레보어에 있다는 믿음이 있다고 기록했다.

황제내경(黃帝內經)
: 가장 오래된 중국의 의학서로 기원전 3세기에 쓰여진 것으로 추정된다. 식물성 치료제와 독의 사용에 관해 설명하며, 한 장에서는 말라리아를 치료하기 위해 '창산(Chang Shan)'이라는 식물을 사용하는 방법을 설명한다. 창산에는 항말라리아 효능이 있는 것으로 알려진 할로푸지논(halofuginone)이라는 화학물질이 함유되어 있다.

차라카 삼히타(Charaka Samhita)
: 저명한 학자 차라카(Charaka)가 쓴 고대 인도 문서인 차라카 삼히타는 기원전 2세기에 작성된 것으로 추정되는 고대 인도의 의학 텍스트이다. 이 책에는 식물성 치료제와 독의 사용에 대해서도 잘 설명되어 있다. 한 섹션에서는 고대 아유르베다 수행자들이 통증과 열을 치료하기 위해 아코나이트라는 식물을 사용하는 방법을 설명한다. 아코나이트는 아코니틴이라는 화학물질을 함유한 독성 식물로, 약용으로 사용되기도 하지만, 다량 섭취하면 심각한 건강 문제를 일으킬 수 있는 독이다.

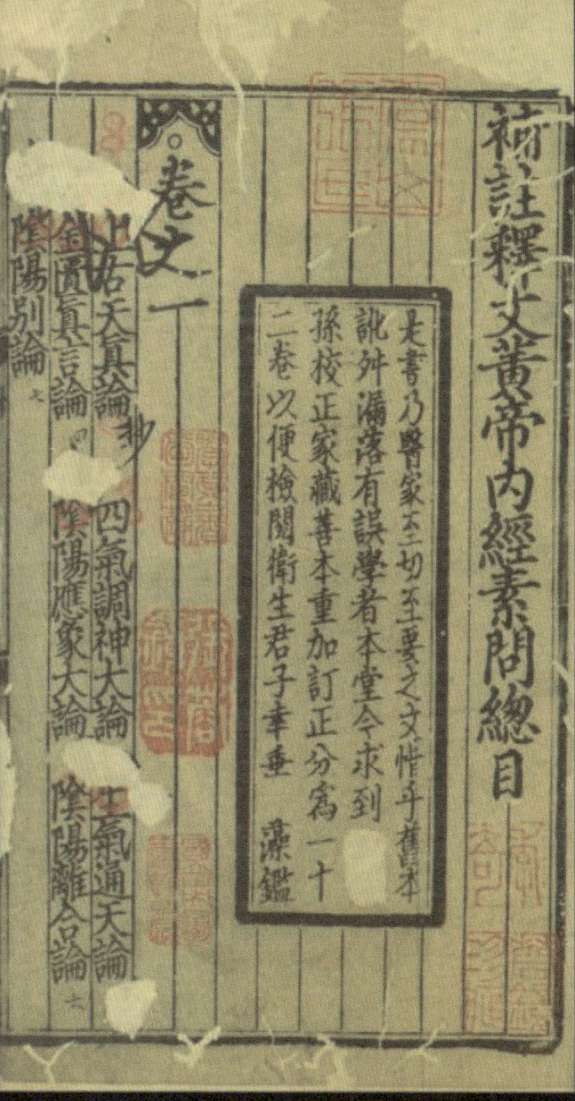

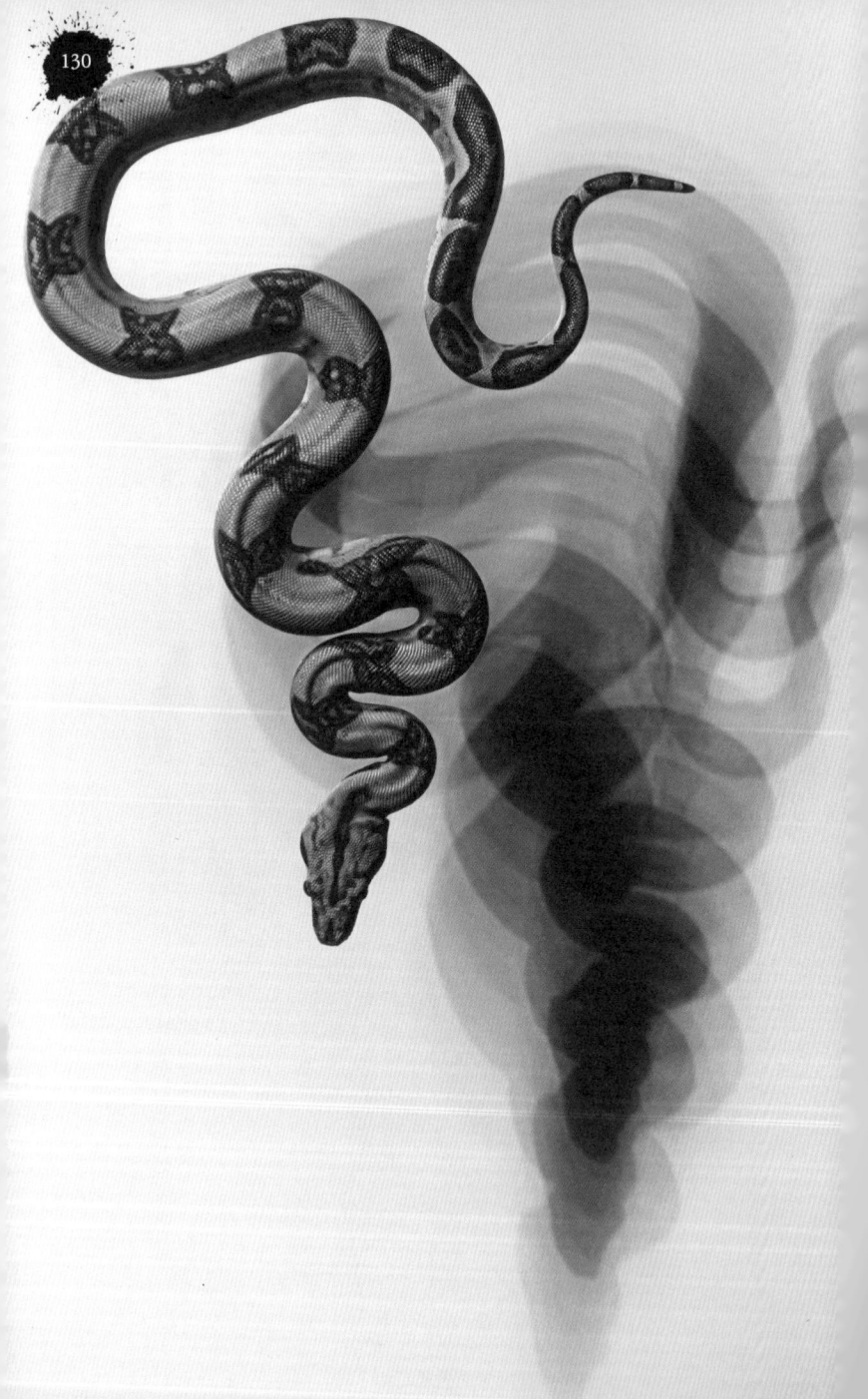

동물성 독

　　　　　동물성 독은 동물이 체내외에서 자체적으로 생산하는 독소이다. 동물성 독은 동물이 자신의 방어나 사냥에 활용하기 위해 발달한 것으로, 독성 동물은 다양한 독성부위와 분비물 또는 체내 화합물로 독을 만들어 사용한다.

　　　　　동물성 독은 주로 직접적인 접촉이나 물리적인 상처를 통해 인체에게 독성을 미칠 수 있다. 동물성 독에 노출되는 상황에서는 주의가 필요하며, 즉각적인 응급 처치와 전문가의 도움이 필요하다.

동물성 독의 종류

거미

: 거미 독은 생리 활성 화합물의 복잡한 혼합물로 구성되어 있다. 거미 종에 따라 크게 다르지만 거미 독의 주요 기능은 먹이를 움직이지 못하게 하여 먹이를 제압하고 먹기 쉽게 만드는 목적이 있으므로, 먹잇감의 신경계를 표적으로 하는 신경독은 인체에 사용될 경우 신경 세포 기능을 방해하여 마비를 일으키고 사망에 이르게 할 수 있다.

거미 독은 일반적으로 다양한 단백질과 펩타이드로 구성되며, 각각 특정 기능을 가지고 있다. 일부 단백질은 조직을 분해하는 데 도움이 되는 반면, 다른 단백질은 세포막을 파괴하거나 혈액 응고에 영향을 미치는 성분이 포함되어 있다. 이러한 성분은 거미의 사냥 전략에 따라 과도한 출혈을 유발하거나 혈액 응고를 방해한다.

거미가 사람이나 다른 큰 동물을 물면 독이 물린 부위에 통증, 발적, 자극을 유발할 수 있다. 일부 독거미의 경우 치명적일 수 있으나, 대부분의 경우 거미에 물리게 되면 인체에 무해하며 가벼운 증상만 나타난다.

거미 독 성분은 통증 완화, 혈압 조절 및 신경 장애에 효과가 있어 신약 및 치료법 개발의 잠재력으로 인해 의학 연구자들의 주목을 받고 있다.

: 독을 가진 거미
- 모든 종류의 타란툴라 (All species of tarantula)
- 호주 깔때기 거미(Australian funnel-web spiders (Atrax and Hadronyche spp.))
- 브라질 방랑거미(Brazilian wandering spiders (Phoneutria spp.))
- 거짓검은과부거미(False black widows (Steatoda spp.))

  등

지네, 쥐손이풀, 버섯
Centipede, Wood Cranesbill, and Mushroom (1561-1596)
Joris Hoefnagel (Flemish, 1542-1600)

전갈

: 전갈 독은 전갈의 꼬리에 있는 특수 분비샘에서 생성되는 강력한 독성물질로, 독침에 의해 주입된다. 전갈 독은 먹이를 움직이지 못하게 하고 제압할 뿐만 아니라 위협에 대한 방어 수단이기도 하다.

전갈 독에도 신경 독소와 혈액 독성 성분이 포함되어 있다. 이 독은 먹잇감의 신경계를 마비시키고, 혈액 응고 장애와 조직 손상을 유발한다. 전갈 독은 다양한 펩타이드와 단백질로 구성되어 있으며, 각각 특정한 기능을 하는데, 이러한 성분 중 일부는 의학에서 치료 용도로 사용되고 있어 연구자들의 주목을 받고 있다.

: 독을 가진 전갈

- 센트루로이데스 전갈(Centruroides spp.)
- 안드로토누스(Androctonus spp.)
- 파라부투스(Parabuthus spp.) 등

지네

: 지네는 포식성 절지동물로, 머리 근처에 한 쌍의 독이 있는 발톱이나 송곳니로 먹이를 잡는 데 쓰거나, 위협을 느낄 때 독을 주입하는 기관이다. 지네 독에는 신경독이 있어 먹이를 마비시키고 움직이지 못하게 한다. 일부 지네 독에는 신경 독소 외에도 세포와 조직에 손상을 일으키는 세포 독성 성분이 있어, 쏘인 부위에 국소적인 염증을 유발하고 조직을 파괴시키기도 한다.

: 독을 가진 절지동물
- 스콜로펜드라 자이언트(Scolopendra gigantea)를 포함한 모든 지네

물고기

: 물고기의 독은 특정 어종에서 발견되는 특수한 방어 메커니즘으로, 주로 먹이 사냥, 포식자로부터의 방어, 영역 경쟁에 사용된다. 물고기 독은 등뼈나 이빨과 같은 특수한 구조를 통해 전달되며, 다양한 생리 활성 화합물이 포함되어 있다. 물고기의 독에는 신경 세포 기능을 방해하여 마비 및 움직이지 못하게 하고, 부상 부위에 국소 조직 손상, 염증 및 통증을 유발한다.

특히 복어는 매우 강력한 독인 테트로도톡신을 가지고 있어 복어의 장기와 피 중 소량만 섭취해도 사망에 이르게 된다.

: 독을 가진 물고기
- 스톤피쉬(Stonefishes (Synanceia spp.))
- 라이온피쉬Lionfishes (Pterois spp.))
- 도그 피쉬 상어(Dogfish sharks)
- 대부분의 가오리, 대부분의 메기 종 등

곤충

: 곤충 독은 공격 또는 방어를 위한 생화학 혼합물로, 단백질(proteins), 펩타이드(peptides), 효소(enzymes) 및 기타 생체 활성 분자(bioactive molecules)가 혼합되어 있다. 독의 구성은 종마다 매우 다양하기 때문에 공격 대상에 미치는 영향도 다양하다. 곤충의 독은 신경 독성, 세포 독성, 혈액 독성 또는 알레르기 유발 독인 경우가 많다. 신경독(Neurotoxic)은 신경계에 영향을 주어 마비를 일으킨다. 세포독(Cytotoxic venoms)은 세포와 조직을 손상시켜 염증과 통증을 유발하며, 혈액 독(Hemotoxic venoms)은 혈액 응고와 혈관에 영향을 미쳐 출혈과 장기 손상을 불러일으킨다. 알레르기성 독(Allergenic venoms)은 면역 반응을 유발하여 민감한 사람에게 알레르기 반응을 일으킨다. 곤충 독의 독성은 곤충의 종, 연령, 성별, 환경 조건 등의 요인에 의해 영향을 받는다. 잠재적인 위험성에도 불구하고 곤충 독은 다양한 인간 질병에 대한 해독제 또는 치료약 개발과 같은 의학적 용도로도 연구되고 있다.

: 독을 가진 곤충
- 벌과 말벌(Bees and wasps)
- 일부 개미
- 일부 나비목 애벌레(lepidopteran caterpillars)

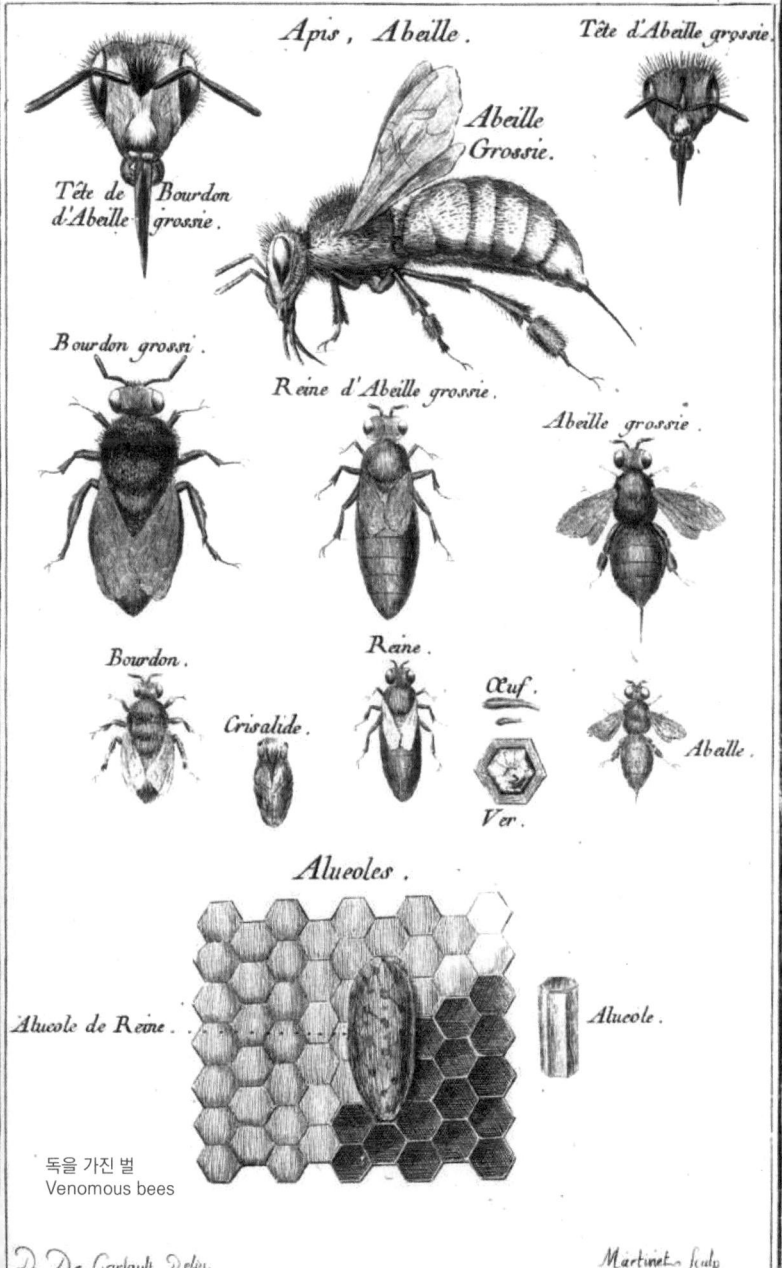

독을 가진 벌
Venomous bees

연체동물

: 달팽이와 문어 등의 연체동물은 일반적으로 독을 가지고 있지 않지만 일부 연체동물은 먹이를 포획하거나 포식자로부터 방어하거나 다른 생물과 경쟁하기 위해 독을 생성한다.

원뿔달팽이는 이빨 역할을 하는 변형된 조직을 작살과 같이 발사하여 먹이를 마비시키거나 죽인다. 연체동물의 독은 펩타이드, 단백질, 효소 등 다양한 생리활성 화합물로 구성되어 있어 각 성분은 먹이를 움직이지 못하게 하는 데 효과적이다. 포식자나 위협에 대한 방어로도 독을 사용한다. 위협을 받으면 특정 종은 독성 분비물을 방출하거나 독을 이용한 신체구조를 사용하여 자신을 보호한다.

: 독을 가진 연체동물
- 파란고리문어(Hapalochlaena)
- 원뿔달팽이(Conus geographus) 등

파란고리문어
Hapalochlaena
Photo by Jayne Jenkins / Ocean Image Bank

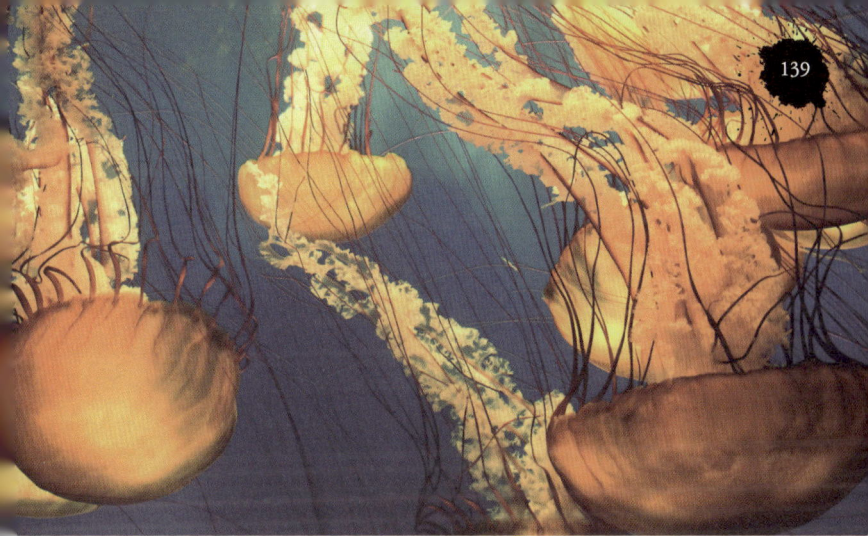

포동물(Cnidarians)과의
파리

해파리, 말미잘 등 자포동물(Cnidarians)

: 해파리는 해파리목 해파리과에 속하는 해양 생물로, 많은 종들이 독을 가지고 있는 것으로 알려져 있다. 독은 촉수에서 발견되는 선낭이라는 특수 세포에 저장되어 있다. 해파리는 먹이를 포획하거나 위협을 감지하면 이 선낭을 통해 독을 방출하는데, 신경 세포의 기능을 방해하여 마비 등을 유발한다. 쏘이면 국소적인 염증, 조직 괴사 및 통증이 발생한다. 해파리에 쏘였을 때 가벼운 가려움증과 부종부터, 민감한 사람의 경우 심각한 전신 반응에 이르기까지 다양한 알레르기 반응이 나타날 수 있다.

: 독을 가진 자포동물
- 일부 해파리
- 일부 극피동물(Physalia physalis)
- 일부 말미잘
- 일부 산호 등

뱀

: 뱀 독은 독사의 특수 분비샘에서 생성되는 생리 활성 단백질과 펩타이드의 복잡한 혼합물로, 먹이를 움직이지 못하게 하고 소화시키는데 사용된다. 뱀은 독을 위협에 방어하고, 다른 뱀과의 경쟁에 사용한다.

뱀독은 다양한 단백질, 펩타이드, 효소, 독소 및 기타 분자를 포함하는 매우 복잡한 물질이다. 뱀 종에 따라 독의 구성 성분이 다르며, 이는 표적 생물에 특정 영향을 미칠 수 있다. 뱀 독에는 먹이 또는 포식자의 신경계에 영향을 주는 신경독이 포함되어 있어, 신경 세포 기능을 방해하여 마비, 호흡 부전을 일으키고, 사망에 이르게 하기도 한다. 일부 뱀 독은 혈액과 순환계에 영향을 미치는 혈액 독성이 있다.

뱀 독은 과학적 연구의 대상이 되어 왔다. 일부 독 성분은 통증 관리 및 심혈관 질환을 포함한 다양한 질병에 효과가 있어, 신약이나 치료제로 개발될 수 있는 잠재력을 가지고 있다. 각 뱀 독에는 해독제가 존재하는 경우가 있어 오랫동안 인간의 역사와 함께 한 독이기도 하다.

: 독을 가진 뱀

- 킹 코브라(King cobra (Ophiophagus hannah))
- 인도 코브라(Naja naja)를 포함한 모든 코브라
- 블랙맘바(The black mamb)를 포함한 모든 맘바
- 호주 검은 뱀(Australian black snakes (Pseudechis))
- 방울뱀(Russell's viper (Daboia russelii)) 등

개구리

: 대부분의 개구리는 독이 없지만, 열대지역, 특히 중남미에서 발견되는 일부 개구리는 맹독을 가지고 있다. 독개구리는 강력한 신경독성과 심장독성 화합물을 생성하는 특수한 피부 분비샘이 있는데, 이 화합물은 알칼로이드계 독성 선분으로 개구리 피부에 저장되어 있다.

대부분의 독개구리는 포식자에게 경고하는 역할을 하는 화려한 경계색을 가지고 있다. 일부 독 개구리의 독은 매우 강력하여 조직 마비, 심장 마비를 유발하며, 증상이 심한 경우 사망에 이를 수도 있다. 독개구리의 독은 고대부터 그 존재가 알려져, 전쟁 시 화살이나 창 끝에 묻혀 사용되기도 했다.

: 독이 있는 개구리
- 로켓 개구리(Colostethus)
- 독 다트 개구리(Dendrobates)
- 황금 독 개구리(Phyllobates)
- 우파가 독 개구리(Oophaga) 등

포유류

독을 가진 포유류는 뱀, 거미, 곤충 등 다른 동물군에 비해 그 수가 상대적으로 드물지만, 독을 가진 포유류도 엄연히 존재한다. 독이 있는 포유류가 생산하는 독의 구성은 다양하다. 독에는 단백질, 펩타이드 및 기타 생리 활성 분자가 혼합되어 있다.

독이 있는 포유류는 포식자에 대한 방어와 포식 목적 모두에 독을 사용한다. 독 포유류는 독을 전달하기 위해 특수한 구조 또는 분비선을 사용한다. 솔레노돈의 경우 아래 앞니의 홈을 통해 독을 전달하고 오리너구리는 뒷다리의 독침을 통해 독을 주입한다.

: 독이 있는 포유류
오리너구리 (Platypus (Ornithorhynchus anatinus))
유럽 두더지(European mole (Talpa europaea))
유라시아 물쥐 (Eurasian water shrew (Neomys fodiens))
북부 짧은꼬리쥐 (Blarina brevicauda)
솔레노돈 (Hispaniolan solenodon (S. paradoxus))

우파가 독 개구리
Oophaga

동물성 독이 사용된 기록과 사건

오비디우스(Ovidius)의 서사시
변신이야기(Metamorphoses)

: 기원전 1세기 고대 로마에서 쓰인 서사시로, 제9권에 헤라클레스와 히드라에 관한 이야기가 기록되어 있다. 헤라클레스는 히드라의 독 피에 화살을 담가 치명적인 무기로 만든다. 이 장면은 예술 작품에 묘사되어 히드라의 독이 묻은 활과 화살을 든 영웅의 모습으로 표현된다. 생물학적 무기의 초기 사용을 묘사한 것으로 평가되며, 향후 인간이 전쟁을 위해 독과 독을 활용하기 위해 사용한 다양한 방법 제시해준다.

베르길리우스(Vergilius)의 아이네이드(Aeneid)

: 고대 로마의 시인 베르길리우스가 로마의 시조로 추앙받는 영웅 아이네이아스의 일대기를 소재로 쓴 대서사시로, 기원 원년 경 쓰여진 로마의 건국과 역사에 관한 책이다. 아이네이드에서는 영웅 아이네이아스(Aeneas)와 그의 적인 투르누스(Turnus) 사이의 중요한 전투를 다루고 있는데, 제7권에서 베르길리우스는 투르누스가 히드라의 독을 이용하여 전쟁에 임하는 모습을 묘사한다.

로도스의 아폴로니우스(Apollonius of Rhodes)의
아르고노티카(Argonautica)

: 유일하게 전해지는 헬레니즘 시대의 서사시로, 가장 오래된 그리스 신화 중의 하나인 이아손과 황금 양털 이야기를 담고 있다. 제4권에서 아폴로니우스는 마법사이자 콜키스(Colchis)의 공주인 메데이아(Medea)가 바다뱀의 독으로 만든 물약을 사용하는 장면을 묘사한다. 이 물약은 황금 양털을 지키는 용을 잠들게 하여 제이슨 일행이 황금 양털을 훔칠 수 있게 하는 데 사용된다.

헤라클레스와 레르네안 히드라
Hercules and The Lernaean Hydra (1875)
Gustave Moreau (French, 1826–1898)

플리니의 자연사
The Natural History of Pliny
in a mid-12th-century manuscript
from the Abbaye de Saint Vincent,
Le Mans, France

루칸(Lucan)의 파살리아(Pharsalia)

: 로마의 카이사르(Caesar)의 폼페이우스 대왕이 이끄는 로마 원로원 세력 간의 내전을 자세히 묘사한 연대기이다. 파살리아 제9권에서는 카토(Cato)가 카이사르와의 전투에서 독사의 독을 화살에 주입하여 사용하는 장면이 묘사되어 있다. 카토는 화살에 독을 발라 상대방에게 치명적인 무기로 사용한다. 이 장면은 독의 역사가 갈등과 전쟁의 역사와 복잡하게 연결되어 있음을 말해준다.

플리니(Pliny)의 자연사(The Natural History)

: 플리니는 자연사를 광범위하게 분류한 로마 시대 학자로, 자연 세계에 관련된 다양한 주제를 포괄하는 백과사전적인 '자연사'를 작성했다. 자연사 제8권에서 플리니는 뱀독을 탈모 치료제로 사용하고, 특정 물고기의 독을 간질 치료제로 사용하는 등 다양한 동물 독과 용도에 관해 설명한다. '자연

사'는 인류 역사에서 동물 독이 지속적으로 사용되었음을 시사하며, 고대에 독 사용에 대한 다양한 용도를 알려주는 책이다. 이 책에서는 독은 해를 끼치지만, 특정 조건에서는 치유도 가능하게 하는 독의 이중적 특성도 함께 설명한다.

헤로도토스(Herodotus)의 역사(The Histories)

: 역사의 아버지 헤로도토스는 역작 '역사'에서도 독을 사용한 전쟁에 관해 이야기한다. '역사' 제3권에서 페르시아인들이 이집트와의 전투에서 독사의 독이 사용된 장면을 묘사하고 있다. 적의 배에 뱀을 던져 적진을 교란시켰다고 한다. 전쟁에서 독이 사용되었다는 사실을 말해주는 기록이다.

디오게네스와 알렉산더 대왕
Diogenes and Alexander the Great
(17th Century)
Antwerp School

폴리비우스(Polybius)의 역사(The Histories)
: 기원전 2세기경 고대 그리스의 역사가 폴리비오스가 쓴 책으로, 제10권에서 카르타고의 장군 한니발(Hannibal)이 사군툼(Saguntum)을 포위하는 과정에서 전갈을 사용하였다고 기술되어 있다. 대량의 전갈이 성벽 위로 던져졌는데, 도시를 방어하던 사람들에게 공포와 공황을 일으켰다고 적었다. 생물의 전쟁 무기화와 그에 따른 심리적 영향에 관해 이야기해준다.

엘리언(Aelian)의 자연사(De Natura Animalium)
: 동물들의 행동, 특성, 자연사에 관한 다양한 일화, 관찰 및 묘사를 모아놓은 자연사 제3권에서 엘리언은 두통 치료제로 무렉스(Murex) 달팽이의 독을 사용하고, 천식 치료제로 독사의 독을 사용하는 등 다양한 동물의 독과 그 용도에 관해 설명한다.

카시우스 디오(Cassius Dio)의
인도 전쟁(The Roman History: The War with the Indians)
: 1세기에 기술된 인도 전쟁은 로마 제국과 파르티아, 인도 사이의 전쟁사를 다루고 있다. 인도 전쟁 제78권에서 저자 카시우스 디오는 알렉산더 왕과의 전투에서 인도인들이 독사를 사용한 방법을 설명한다. 뱀을 바구니에 담아 알렉산더의 진영에 던져 병사들 사이에 혼란을 일으켰다고 한다.

버섯 독

　　　　　버섯 중독은 독성 버섯을 섭취했을 때 발생하는 중독의 한 유형이다. 많은 종류의 버섯은 식용이 가능하여 안전하게 먹을 수 있지만, 일부 버섯에는 건강에 심각한 영향을 미치거나 사망에 이르게 할 수 있는 독성 화합물이 포함되어 있다. 버섯 중독의 영향은 특정 버섯의 종류와 섭취량에 따라 크게 달라진다.

알광대버섯(Amanita phalloides)

: '죽음의 모자 버섯'으로 알려진 알광대버섯은 독성이 매우 강한 트리코테센(trichothecene) 곰팡이 독소를 가진 버섯 중 하나이다. 온대 지역에서 발견되는 이 버섯은 식용 버섯과 비슷하며, 아마톡신(amatoxins)과 같은 독소는 간과 신장을 심각하게 손상시켜 장기 부전을 일으키고, 이 증상은 사망으로 이어질 수 있다. 몇 시간 동안 증상이 나타나지 않을 수 있어 위험성이 큰 데다, 확실한 해독제가 없는 위험한 버섯이다.

독우산광대버섯(Amanita virosa)

: '파괴의 천사(destroying ange)'라고도 불리는 독우산광대버섯은 유럽과 북미에서 발견되는 독성이 강한 버섯으로, 식용 버섯과 비슷하기 때문에 특히 위험하다. 간과 신장을 공격하여 심각한 장기 부전을 유발하고 사망에 이르게 할 수 있는 치명적인 아마톡신(amatoxins)을 함유하고 있다.

마귀광대버섯(Amanita pantherina)

: '표범모자버섯(Panther Cap)'으로도 알려진 마귀광대버섯은 유럽과 북미 일부 지역에서 발견되는 독버섯이다. 식용 버섯인 블러셔(Blusher)와 비슷하지만 흰색의 부드러운 갓과 줄기에 눈에 띄는 고리가 있는 뚜렷한 특징이 있다. 갓 색깔은 갈색에서 회갈색까지 다양하다. 이 버섯에는 이보텐산(ibotenic acid)과 무스시몰(muscimol)을 포함한 위험한 독소가 포함되어 있어 메스꺼움, 구토, 설사, 환각, 심한 경우 혼수 상태를 일으키고, 심하면 사망에 이를 수 있는 심각한 중독 증상을 유발한다.

마귀곰보버섯(Gyromitra esculenta)

: 가짜 모렐(false morel) 또는 뇌버섯(brain mushroom)으로 알려진 마귀곰보버섯은 북미와 유럽을 포함한 전 세계 여러 지역에서 발견되는 독성이 강한 곰팡이 버섯이다. 진짜 모렐(morel) 버섯을 닮아 채집 시 혼동을 주지만, 가짜 모렐 버섯에는 섭취 시 치명적일 수 있는 히드라진(hydrazine) 독소를 함유하고 있고, 이 독소는 완전히 익혀도 제거되지 않는다. 마귀곰보버섯은 위장 장애, 현기증, 심한 경우 장기 부전을 일으키고 심각한 경우 사망에 이르게 한다.

코르티나리우스 루벨루스(Cortinarius rubellus)

: 치명적인 웹캡(deadly webcap) 또는 루비 코르티나리우스(ruby cortinarius)라고도 알려진 코르티나리우스 루벨루스는 유럽에서 발견되는 독성이 강한 버섯으로, 독특한 붉은 갓을 가지고 있으며 특정 나무에 기생하여 자란다. 이 버섯에는 독소인 오렐라닌(orellanine)이 함유되어 있어 섭취 시 돌이킬 수 없는 신장 손상을 일으킬 수 있다. 증상이 즉시 나타나지 않아 진단과 치료가 지연될 수 있고, 알려진 해독제가 없기 때문에 이 버섯에 중독되면 매우 위험하다.

독버섯
New International Encyclopedia
illustration "Poisonous fungi"
Mushrooms depicted

붉은사슴뿔버섯
Podostroma cornu-damae

붉은사슴뿔버섯(Podostroma cornu-damae)

: 악마의 담배(Devil's Cigar) 또는 사탄의 손가락(Satan's Fingers)으로도 알려진 붉은사슴뿔버섯은 일본과 한국 일부 지역에서 발견되는 희귀하고 독성이 강한 곰팡이균 버섯이다. 짙은 갈색, 붉은색 또는 검은색의 손가락 모양의 구조물이 땅에서 솟아오르는 듯한 독특한 모양을 하고 있다. 아마톡신(amatoxins)을 포함한 강력한 독소를 함유하고 있기 때문에 소량만 섭취해도 심각한 간과 신장 손상으로 사망에 이를 수 있다.

레피오타 브루네오인카르나타(Lepiota brunneoincarnata)

: 흔히 치명적인 대퍼링(Deadly Dapperling)으로 알려진 레피오타 브루네오인카르나타(Lepiota brunneoincarnata)는 북미와 유럽에서 발견되는 독성이 강한 버섯이다. 식용 버섯과 매우 흡사하기 때문에 초보자가 채취하는 것은 위험하다. 섭취 시 심각한 간 손상과 신부전으로 이어질 수 있으며, 증상이 지연되는 경우가 많아 제때 진단하기 어렵다.

백황색깔대기버섯
Clitocybe dealbata

백황색깔때기버섯(Clitocybe dealbata)

: 상아 깔때기(Ivory Funnel) 또는 가짜 죽음의 모자(False Death Cap)라고도 불리는 백황색깔때기버섯은 북미와 유럽의 낙엽수림에서 발견되는 독버섯이다. 깔때기 모양은 흰색 또는 옅은 색으로, 식용 버섯과 혼동할 수 있다. 섭취하면 구토와 설사 등 심각한 위장 장애가 나타날 수 있으며, 이러한 증상은 섭취 후 몇 시간 후에 나타나는 경우가 많다. 일반적으로 치명적이지는 않지만 통증과 탈수를 유발할 수 있다.

둘레황토버섯(Galerina marginata)

: 치명적인 갈레리나(Deadly Galerina)라고도 알려진 갈레리나 마가리타는 북미와 유럽에서 흔히 볼 수 있는 작은 갈색 버섯으로, 독성이 매우 강한 아마톡신(amatoxins)을 함유하고 있다. 섭취하면 간과 신장에 심각한 손상을 일으켜 사망에 이르며, 일반 버섯과 닮아 특히 위험하다.

두엄먹물버섯(Coprinopsis atramentaria)

: 잉키 캡(Inky Cap) 또는 티플러 베인(Tippler's Bane)이라고도 알려진 두엄먹물버섯은 전 세계에서 흔히 볼 수 있는 버섯이다. 어린 두엄먹물버섯은 종 모양의 갓을 가지고 있으는데, 자라면서 검은색으로 변하고 검은 즙이 나면서 먹물처럼 보인다. 이 버섯에는 알코올과 반응하여 메스꺼움, 구토, 홍조 등 심각한 불편함을 유발하는 알코올 방해 화합물인 코프린(coprine)이 함유되어 있어, 이 버섯을 먹기 전후 며칠 이내에 알코올을 섭취했다면 코프린 증후군(coprine syndrome)이라는 증상이 나타날 수 있다. 생명을 위협하지는 않지만 주의를 기울어야 하는 버섯이다.

옴팔로투스 올레아리우스(Omphalotus olearius)

: 흔히 잭오랜턴버섯(Jack O'Lantern mushroom)으로 알려진 옴팔로투스 올레아리우스는 북미와 유럽에서 발견되는 발광성 버섯으로, 주황색 또는 노란색의 갓과 주름을 가지고 있고, 어둠 속에서는 으스스한 녹색 빛을 발산한다. 흥미로운 생김새에도 불구하고 독성이 강하므로 절대 섭취해서는 안된다. 생김새 때문에 식용 종과 혼동할 수 있으므로 올바른 식별이 중요하다. 섭취 시 구토와 설사를 포함한 심각한 위장 증상가 발생한다.

레피오타 헬베올라(Lepiota helveola)

: 바보깔때기버섯(Fool's Funnel)이라고도 알려진 레피오타 헬베올라는 유럽과 북미에서 발견되는 작은 버섯이다. 중앙에 손잡이가 있는 독특한 원뿔형 갓과 옅은 주름이 있는데, 식용버섯과 비슷해 보이지만 독성이 매우 강하다. 섭취하면 구토, 설사 등의 증상과 함께 심각한 위장 장애를 일으키며, 신경계에 영향을 주어 마비와 경련을 일으킬 수 있는 유해한 독소가 포함되어 있다.

흰갈대버섯(Chlorophyllum molybdites)

: 일반적으로 녹색가시광대버섯(Green-Spored Lepiota) 또는 가짜양산버섯(False Parasol)으로 알려진 클로로필룸 몰리브다이트는 전 세계, 특히 온대 지역에서 발견되는 독성이 강한 버섯으로, 식용 파라솔버섯과 비슷하지만 줄기에 뱀 무늬와 같은 독특한 무늬가 없다. 이 버섯을 섭취하면 몇 시간 내에 심각한 탈수 증상을 동반한 위장 장애와 설사, 대장염을 유발한다.

노란다발버섯(Hypholoma fasciculare)

: 일반적으로 유황털버섯(Sulphur Tuft)으로 알려진 노란다발버섯은 북미, 유럽 및 기타 지역에서 발견되는 중소형 버섯으로, 선명한 노란색 또는 주황색 갓과 어두운 주름이 특징이다. 치명적이지는 않지만 독성이 있어 구토와 설사, 경련을 일으킬 수 있다. 주요 독소는 파시쿨롤(fasciculol)이다.

루브로볼레투스 사타나스(Rubroboletus satanas)

: 사탄의 볼레테(Satan's Bolete)라고도 알려진 루브로볼레투스 사타나스는 유럽 일부 지역에서 발견되는 독성이 강한 버섯이다. 크고 붉은색에서 보라색 갓과 밝은 노란색 구멍으로 쉽게 알아볼 수 있다. 이 버섯은 부패된 고기를 연상시키는 불쾌한 악취를 내뿜는 특징을 가지고 있으며, 섭취하면 구토, 설사, 복통 등 심각하고 치명적인 위장 증상이 나타나는데, 알려진 해독제가 없기 때문에 매우 위험한 버섯이다.

버섯 독이 사용된 기록과 사건

루이 14세(Louis XIV)의 버섯 중독 혐의

: 프랑스 역사의 연대기에는 강력한 군주의 죽음을 둘러싼 음모와 배신에 대한 속삭임이 종종 등장한다. 프랑스의 태양왕 루이 14세의 죽음은 독버섯과 관련이 있다. 루이 14세의 삶은 화려함의 향연이었으며, 그의 통치 기간은 호화와 사치의 기간이었다. 그러나 이 화려함의 이면에는 궁정의 음모와 속임수라는 고질적인 문제들이 있었다. 1715년 9월 1일 그의 갑작스러운 죽음은 수많은 의문을 불러일으켰고, 그 중 버섯 중독으로 사망했다는 이야기가 가장 유력한 가설로 떠올랐다.

버섯 중독은 독성 버섯 섭취로 인해 발생하는 급성 질환으로, 심한 복통, 구토, 간과 신부전 등 무수히 많은 증상이 나타난다. 루이 14세의 죽음을 둘러싼 수많은 의혹들이 제기된 것은, 그가 보인 증상들이 버섯 중독과 사한 증상이었기 때문이다. 의사들의 여러 처치에도 불구하고, 루이 14세는 별다른 호전이 없이 사망했다. 루이 14세가 버섯 중독으로 사망했다는 의혹은 추측에 불과하다. 당시에는 과학적 분석이 불가능 한데다 당시의 부검 보고서도 엉성한 채로 남아 있다. 현재는 사후 독성학 기술로도 조사가 불가하여, 그의 죽음은 여전히 미스터리로 남아 있다.

로마 황제 클라우디우스(Claudius)의 암살

: 거대한 로마 제국을 이끈 수많은 황제 중에서도 클라우디우스 황제는 단연 돋보이는 인물로, 서기 41년 황제에 오른 후 놀라울 정도로 유능한 통치를 펼치다가 서기 54년 비극적인 최후를 맞이했다.

클라우디우스는 신체적 장애에도 불구하고 유능하고 사려 깊은 통치자였다. 그러나 그의 사생활은 파란만장한 결혼 생활과 가족 불화로 점철되어 있었다. 그의 마지막 부인인 아그리피나(Agrippina) 2세는 아들 네로(Nero) 2세의 왕위 계승을 위해 그를 살해한 것으로 널리 알려져 있다.

검은색 가발과 갑옷을 입은 루이 14세
Louis XIV with dark full-bottomed wig and armour
Pierre Mignard

　　　타키투스(Tacitus)와 수에토니우스(Suetonius) 등이 기록한 고대 사료에 따르면 아그리피나는 클라우디우스를 독살하기 위해 치명적인 버섯을 요리에 사용했다고 한다. 클라우디우스의 심한 복통, 격렬한 구토, 호흡 부전 등의 증상은 독성 버섯의 효과와 일치하여 이 이론에 신빙성을 더한다.

　　　　하지만 이러한 이론들도 의혹으로만 남아있을 뿐, 진실은 알 수 없다. 현대 학자들은 고대 자료 자체가 정치적 편견과 개인적 적대감에 의해 왜곡되었을 수 있다고 생각한다. 구체적인 과학적 증거가 없는 상황에서 클라우디우스의 버섯 중독은 의혹으로만 남아 있는 것이다.

마녀의 샘
The Witch's Pool (1904)
Arthur Rackham (English, 1867-1939)

중세 유럽의 독버섯과 마녀 사냥

: 1486년 가톨릭 성직자 하인리히 크레이머(Heinrich Kramer)가 쓴 '마녀의 망치(Malleus Maleficarum)'는 마녀사냥을 정당화하기 위해 사용된 마녀사냥용 백서로 알려져 있다. 이 책은 마녀들이 독버섯을 사용하여 마법을 부리고 사람들을 해치는 것으로 묘사하고 있다.

'마녀의 망치'는 마녀 사냥꾼들이 마녀로 추정되는 사람을 식별하고 심문하는 방법을 정립하는 표준 참고 자료로 사용되었다. 이 책의 저자는 마녀가 실재하며, 악마 숭배와 관련이 있고, 독버섯을 포함한 다양한 수단을 사용하여 적을 해치거나 마음을 조종한다고 강력하게 주장한다. 이 책의 가장 설득력 있는 부분은 마녀들이 '마녀의 연고(witches' ointments)'를 만드는 데 독버섯을 사용한다고 하는 부분이다. 마녀의 연고는 마녀들이 비행하거나 변신할 수 있게 만든다고 여겨져, 수많은 사람을 죽음으로 몰고 갔다. 이 연고에는 다양한 독성 및 환각 물질이 포함된 것으로 알려져 있다.

마녀사냥 기간 동안 약초와 치유에 대해 잘 알고 있는 여성들을 마녀로 연루시켜, 무고한 사람들이 기소되어 고문당하고 처형을 당하는 비극적인 결과를 불러일으켰다. 이들 중 대부분은 진짜 마녀가 아니라 제거하고 싶은 정적에서부터 사회적으로 소외된 사람들까지, 마녀의 프레임을 씌워 마녀로 간주된 사람들이었다.

니콜라스 에반스(Nicholas Evans)와 치명적인 독버섯

: 베스트셀러 소설 '호스 위스퍼러(The Horse Whisperer)'의 작가로 잘 알려진 니콜라스 에반스는 아내, 처남, 처제와 함께 스코틀랜드 고원에서 가족 나들이를 하던 중 치명적인 독버섯으로 알려진 코르티나리우스 루벨루스 버섯을 먹은 후 심각한 중독 증상을 겪었다.

이들은 이 버섯을 일반 버섯인 두더지버섯(Boletus edulis)으로 착각했다. 네 사람 모두 버섯 섭취 후 몇 시간 내에 심각한 버섯 중독 증상을 보였다. 그들의 상태는 빠르게 악화하여 급성 신부전으로 이어졌고, 투석과 신장이식이 필요한 상황에 이르렀다.

버섯, 나비, 뱀이 있는 숲 바닥 정물화
Forest Floor Still Lifes With Mushrooms, Butterflies And A Snake
Otto Marseus van Schrieck (Dutch, 1619-1678)

프랑스 잔느(Jeanne) 공주의 비극적인 운명

: 14세기는 문화적 풍요와 혁신적인 정치로 유명하지만, 비극적인 이야기로 얼룩지기도 한 시기이다. 그중 하나는 프랑스의 왕 샤를(Charles) 6세의 장녀였던 잔느 공주의 죽음이다. 19세의 어린 나이에 죽은 잔느 공주의 죽음은 미스터리와 추측으로 가득 차 있으며, 일부 역사가들은 독버섯 섭취 때문이라고 생각한다.

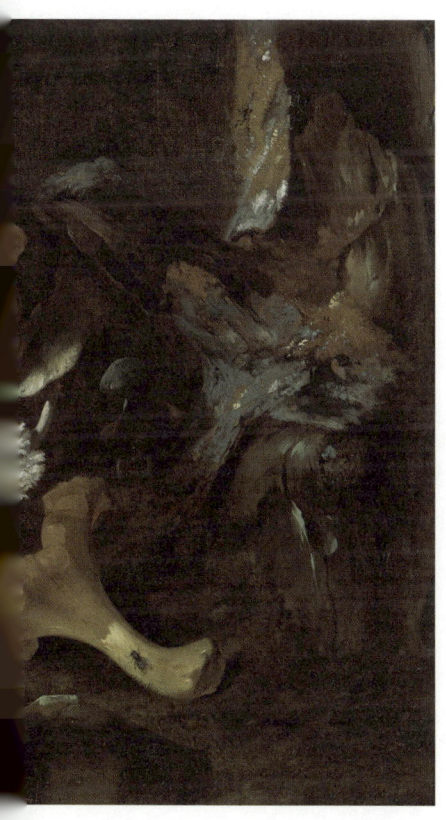

잔느 공주는 프랑스 왕정이 격변하는 정치적 변화를 겪던 시기에 태어났다. '미친 샤를'로 알려진 그녀의 아버지 샤를 6세는 정신병에 시달렸고, 왕실은 끊임없이 혼란에 빠졌다. 이러한 상황에서 공주는 항상 건강을 염려하며 보호받는 삶을 살았다.

1397년, 갑작스럽게 사망한 잔느 공주의 사인은 명확하지 않지만, 독버섯이 든 요리를 먹은 후 사망했을 가능성이 반복적으로 제기되고 있다. 그녀의 죽음에는 '파괴하는 천사'라고도 알려진 알광대버섯(Amanita phalloides)과 관련이 있다고 추정되는데, 이 버섯에는 간과 신장에 심각한 손상을 일으킬 수 있는 독성이 강한 화합물인 아마톡신(amatoxins)이 함유되어 있어 며칠 내에 사망에 이를 수 있다.

금속성 독

금속성 독은 원자량과 밀도가 높은 원소인 중금속을 섭취하거나 중금속에 노출되어 발생하는 독이다. 중금속은 시간이 지남에 따라 체내에 축적되어 장기와 조직에 손상을 입힐 수 있기 때문에 사람과 동물에게 치명적일 수 있다. 중금속은 산업 오염, 오염된 토양과 물, 특정 유형의 식품 등 그 출처가 다양하며, 현대에서 특히 심각한 건강 문제를 일으키는 환경성 독이기도 하다.

납(Lead, Pb)
: 무겁고 가단성(可鍛性)이며 연성이 있는 청회색 금속인 납은 건강에 악영향을 미치는 중금속이다. 납을 섭취하거나 흡입하면 뇌, 신장, 골수에 손상을 일으키고, 특히 어린이에게 학습 장애와 행동 문제를 일으킬 수 있다.

수은(Mercury, Hg)

: 은백색의 무거운 액체 금속인 수은 및 수은화합물은 인체에 매우 유독하다. 수은 중독은 신경계, 소화계, 면역계, 폐 및 신장에 해로운 영향을 미치는 치명적인 중금속이다.

비소(Arsenic, As)

: 강철 회색 중금속인 비소와 비소화합물은 치명적인 독성이 있는 것으로 악명이 높다. 비소증으로도 알려진 만성 비소 중독은 피부 병변, 말초 신경병증, 당뇨병, 심혈관 질환, 폐암 및 피부암을 유발할 수 있다.

카드뮴(Cadmium, Cd)

: 부드러운 청백색 카드뮴은 모든 무기물 형태에서 독성이 있다. 카드뮴은 신장 손상, 뼈 변형을 일으킬 수 있으며 암의 위험을 증가시킨다.

크롬(Chromium, Cr)

: 강철 같은 회색의 광택이 나는 금속으로, 특히 6가 크롬은 인체 건강에 해로운 중금속이다. 6가 크롬의 만성 흡입은 폐암 및 기타 호흡기 질환을 유발한다.

니켈(Nickel, Ni)

: 은백색 광택이 나는 금속인 니켈 화합물은 인체 발암 물질로 분류된다. 니켈에 장기간 노출되면 체중 감소, 심장 질환 및 급성 피부염을 유발한다.

구리(Copper, Cu)

: 적갈색 금속으로, 인체 건강에 필수적이지만 구리를 과도하게 섭취하면 구리 중독을 일으켜 용혈, 신장 손상 및 만성 간 질환을 유발한다.

베릴륨(Beryllium, Be)
: 단단한 회색 금속으로, 먼지나 연기로 흡입될 경우 독성이 있다. 난치병인 만성 베릴륨병은 폐 조직에 지속적으로 염증성 결절을 남긴다.

알루미늄(Aluminum, Al)
: 은백색의 연성 금속인 알루미늄은 질병과의 연관성이 구체적으로 정립되어 있지 않지만, 알츠하이머병과 같은 신경퇴행성 질환과 관련이 있는 것으로 추정된다.

탈륨(Thallium, Tl)
: 부드러운 은백색 금속인 탈륨과 탈륨화합물은 독성이 매우 강하며 탈모, 신경 손상 및 장기 부전을 일으킨다.

금속성 독이 사용된 기록과 사건

로마의 납(Pb) 배관

: 납은 은밀하게 작용하는 독으로 역사에서 자주 등장하는 금속성 독이다. 납은 유연하고 부식에 강하기 때문에 건축술에 능했던 로마인들은 배관 시스템에 납을 광범위하게 사용했다. 수로 시스템인 '누관(fistulae)'으로 알려진 납 파이프를 통해 공공 분수, 목욕탕 및 개인 주택으로 물이 공급되었는데, 이 때문에 많은 로마인이 납 중독에 시달린 것으로 보인다.

납 냄비에 포도즙을 끓여 만든 '사파(sapa)'는 로마 요리에 사용되는 대중적인 감미료였다. 사파는 납중독 원인의 하나였다.

납의 체내 축적은 광범위한 공중 보건 문제를 일으켰고, 제롬 엔리아구(Jerome Nriagu)와 같은 학자들은 광범위한 납 중독이 제국의 쇠퇴에 기여했을 수 있다고 보고 있다.

진시황제
The art and culture of Qin Shihuang's underground palace. Paramus, New Jersey, Unknown artist

진시황의 불로초, 수은(Hg)

: 수은과 관련된 가장 유명한 사례는 중국 진시황이 불로장생을 추구하다 수은 계열의 약으로 사망했다는 이야기다. 진시왕은 수은이 함유된 진사를 불로장생 약 중 하나로 여겼다. 불사를 위한 일이 전혀 다른 결과로 나타난 사건이다.

산업의 폐단, 카드뮴(Cd)

: 카드뮴의 어두운 역사는 산업 영역에서 시작된다. 일본의 4대 공해 질병 중 하나인 이타이이타이병(Itai-itai)은 카드뮴에 오염된 물로 인해 발생했다. 심한 뼈 통증과 기형을 불러일으키는 이 질병은 환경오염의 위험성을 부각하게 시켰다.

나폴레옹의 죽음과 비소(As)

: 비소와 관련된 이야기는 악명 높은 것으로 가득하다. 무색, 무취의 비소는 중세 시대에 살인 도구로 선호되어 '독의 왕', '왕의 독'이라는 별명을 얻었다.

순수한 형태의 해가 없는 회색 중금속인 비소는 섭취하거나 흡입하면 치명적인 독으로 변한다. 색과 향이 없어 음식이나 음료에 섞어도 감지되지 않고 잠복해 있다가 식중독이나 콜레라와 유사한 증상을 일으켜, 현대 법의학과 같은 과학적 분석 없이는 사망 원인을 규명하기 어렵다. 이 때문에 평민과 왕족 등 모든 계층에서 사용되던 되는 독이었다.

1821년 세인트 헬레나 섬에서 망명 중 나폴레옹 보나파르트(Napoleon Bonaparte) 죽음의 수수께끼는 비소와 관련이 있다. 공식적으로는 위암을 사망 원인으로 언급하고 있으나, 황제가 만성 비소 중독으로 사망했을 가능성도 언급된다. 1961년 스웨덴의 치과의사 포르슈프버드(Forshufvud)는 나폴레옹에 흥미를 느껴 황제의 머리카락을 분석한 결과 비소 수치가 높은 것을 발견했고, 비소 중독으로 독살되었을 수 있다는 이론을 주장했다. 그러나 이 주장은 비소가 당시의 벽지, 의류 염료, 일부 의약품을 포함하여 대중적으로 사용되었기 때문에 여전히 논쟁으로 남아 있다.

쥐약으로 사용된
탈륨(Tl)

: 20세기 초 탈륨은 쥐약으로 광범위하게 사용되던 독성 물질이었다. 고의적이든 우발적이든 탈륨의 인체 중독 사례가 빈번하게 발생하면서 현재는 사용이 금지되었다. '찻잔 독살범(The Teacup Poisoner)'으로 알려진 영국의 연쇄 살인범 그레이엄 영(Graham Young)은 1970년대에 탈륨을 사용하여 여러 사람을 독살했다.

'찻잔 독살범(The Teacup Poisoner)' 그레이엄 영(Graham Young)

174

화학성 독

화학 독은 노출 시 생명체에 심각한 건강 위험을 초래하는 독성 물질로, 가벼운 자극부터 심각한 부상 또는 사망에 이르기까지 다양한 중독 현상을 일으킨다. 유독성 화학물질은 신체의 특정 표적을 겨냥하여 기본적인 대사작용을 방해하거나 장기에 손상을 일으키며, 빠르게 작용하기 때문에 소량으로도 치명적일 수 있다.

사린(Sarin(GB))
: 1938년 독일에서 살충제로 개발된 인공 화합물인 사린은 무색 무취의 액체로, 근육과 내분비계에 빠르고 치명적으로 작용하여 끔찍한 죽음을 불러 일으킨다. 1995년 도쿄 지하철 사린가스 테러가 가장 유명한 사건이다.

다이옥신(Dioxins)
: 다양한 산업 공정의 부산물인 다이옥신은 인간이 만들어낸 공포로 여겨진다. 이 화합물은 매우 안정적이어서 분해되지 않고 장기간 환경에 잔류한다. 다이옥신 노출은 국제암연구소에서 규정한 바와 같이 암을 유발하고 내분비계 교란을 일으켜 건강을 심각하게 위협하는 독성물질이다.

합성살충제

: 합성 살충제의 발명으로 유기인산염(Organophosphates)와 같은 화학 물질이 생겨났는데, 이 살충제는 신경계의 필수 효소인 아세틸콜린에스테라아제(acetylcholinesterase)의 활성을 억제하여 아세틸콜린 축적과 신경독성을 유발한다. 살충제의 치명적인 영향은 2013년 인도 비하르에서 발생한 대규모 식중독 사건에서 드러났다. 살충제에 노출되면 메스꺼움, 현기증, 호흡기 문제 등 다양한 건강상의 문제가 생긴다.

비소화합물

: 비소는 역사적으로 강력한 독으로 사용되어 왔다. 비소화합물 중, 특히 삼산화비소(arsenic trioxide)는 치명적인 독으로, 현대 법의학 기술이 출현할 때까지 거의 감지할 수 없었다. 다양한 합금 및 전자 부품의 중요한 성분이기도 하다.

용제

: 다른 물질을 용해하는 데 사용되는 화학 물질로, 페인트 희석제, 세정제, 접착제 등 다양한 제품에서 발견된다. 용제 중 하나인 솔벤트(solvent)에 노출되면 신경 손상, 간 및 신장 손상, 호흡기 문제를 일으킬 수 있다.

시안화물(cyanide)

: 청산가리로 알려진 시안화물은 흡수, 섭취, 흡입 또는 신체 조직과 접촉할 때 손상을 일으키는 독성물질이다. 시안화물은 산소를 사용하는 능력을 방해하여 세포 사멸을 진행시키는 강력한 독극물이다. 시안화수소(독성 가스)와 같은 다양한 형태의 시안화물 계열의 독이 존재하며, 시안화나트륨 및 시안화칼륨 등은 소량이라도 섭취하거나 흡입하면 치명적일 수 있다. 시안화물 중독은 현기증, 두통, 메스꺼움, 숨가쁨, 발작 증상 등을 일으키며, 의식 상실, 호흡 부전으로 사망으로 이어진다.

폴로늄(Polonium)

: 원자번호 84번의 원소 폴로늄-210은 방사능과도 연관이 있다. 이 고방사성 독은 마리(Marie Curie)와 피에르 퀴리(Pierre Curie)에 의해 발견되었지만 이후 치명적인 독성으로 인해 무기화되었다. 2006년 전 러시아 요원 알렉산더 리트비넨코(Alexander Litvinenko)가 폴로늄-210으로 중독된 사건이 유명하다.

다환방향족탄화수소(PAH)

: 화석 연료, 담배 연기, 구운 음식이나 탄 음식에서 발견되는 화학 물질이다. PAH에 노출되면 암과 호흡기 질환을 일으킬 수 있다.

휘발성 유기 화합물(VOC)

: 페인트, 접착제, 세정제 등 많은 가정용 제품에서 발견되는 화학 물질로, 호흡기 문제, 두통, 현기증을 유발할 수 있다.

내분비 교란 물질

: 내분비계 교란물질은 호르몬을 조절하는 내분비계의 기능을 방해하는 화학물질로, 플라스틱, 퍼스널 케어 제품, 식품 포장 등 다양한 제품에서 발견된다. 내분비계 교란 물질에 노출되면 신체 발달 문제, 생식기관의 문제를 일으키며 암을 유발할 수 있다.

염소화 탄화수소

: 용제, 살충제, 냉매로 사용되는 화학물질로, 디클로로디페닐트리클로로에탄(DDT) 및 폴리염화비페닐(PCB)과 같은 화학물질이 포함된다. 염소화 탄화수소에 노출되면 신경학적 손상, 발달 지연, 간 손상을 일으킬 수 있다.

메틸수은

: 수은은 자연 발생에도 불구하고 인간 활동에 의해 다양한 독성 형태로 변형되었다. 산업 공정에서 수은은 가장 독성이 강한 형태인 메틸수은으로 변형된다. 방출된 산업폐수는 물고기에 축적되고, 다시 인간에게 전해져, 20세기 중반 일본 미나마타의 수은중독과 같은 비극적인 사건을 일으키기도 했다.

도쿄 사린가스 테러사건
(1995)

화학성 독 사건

타이레놀 살인 사건(The Tylenol Murders)
: 1982년 가을, 미국에서 벌어진 사건으로, 누군가가 치사량의 시안화물을 타이레놀에 첨가하여 7명이 목숨을 잃은 사건이다. 불과 며칠 만에 시카고 대도시 지역에 퍼진 시안화물 타이레놀은 치사량보다 수만 배 높은 시안화물을 포함하고 있어서 이 타이레놀을 먹은 피해자는 모두 목숨을 잃었다. 제조업체인 존슨앤존슨(Johnson & Johnson)은 신속하고 단호하게 조치를 취했다. 전국적으로 경보를 발령하고 생산과 광고를 중단했으며 소매점에서 약 3,100만 개의 타이레놀(1억 달러 가치)을 회수했다. 이는 소비재 역사상 최초의 주요 제품 리콜이었다. 지역, 주, 연방 당국의 광범위한 조사에도 불구하고 이 사건은 아직도 미해결 상태로 남아 있다.

도쿄 사린가스 테러사건

: 1995년 도쿄 지하철에서 화학성 독을 사용한 테러사건이 발생하였다. 옴진리교라는 사이비 교인들은 신경 가스인 사린가스를 도쿄 지하철에 방출하여 13명이 사망하고 수천 명이 부상을 입었다.

시에라리온의 오염된 빵

: 1985년 시에라리온에서 오염된 빵을 먹은 18명이 사망했다. 이 사건은 독성이 강한 유기 인산염 살충제인 파라티온(parathion)에 오염된 밀가루 때문에 발행했다. 조사 결과, 이 밀가루로 만든 빵을 먹은 사람들이 사망한 것으로 밝혀졌다. 이 사건은 살충제 취급 및 보관에 대한 규제 강화 및 안전 조치의 필요성을 강조하게 된 계기가 되었다.

홀로코스트의 희생자들을 추모하는 공간

그리고리 라스푸틴(Grigori Rasputin)의 죽음

: 1916년, 러시아 신비주의자 라스푸틴의 죽음을 둘러싼 많은 전설 중 하나는 청산가리를 첨가한 케이크와 포도주로 그를 독살하려 한 사건이다. 살아남은 그는 후에 총에 맞아 강에 버려졌다. 영화 킹스맨(The King's Man) 퍼스트 에이전트(2021)와 라스푸틴(Rasputin, 2013)의 소재가 되기도 했다.

보팔(Bhopal) 공장 가스 누출의 비극

: 1984년, 인도 보팔에 있는 유니온 카바이드(Union Carbide) 살충제 공장에서 누출이 발생하여 메틸 이소시아네이트(methyl isocyanat)를 포함한 독성 가스가 방출되었다. 이 사건은 세계 최악의 산업 재해 중 하나로 여겨진다. 수천 명이 사망했고 수십만 명이 부상을 입거나 장기적인 건강 문제를 겪었다.

홀로코스트(Holocaust)

: 나치 정권은 홀로코스트 기간동안 자이클론(Zyklon) B 가스를 가스실에서 사용하여 수백만 명의 유대인을 학살했다. 자이클론 B 가스는 청산가리를 기반으로 한 살충제로, 현재는 사용이 금지되어 있다.

존스타운 대학살(The Jonestown Massacre)

: 1978년 11월 18일 가이아나의 존스타운에서 발생한 비극적인 사건이다. 존스타운은 짐 존스(Jim Jones)가 만든 인민사원(People's Temple)의 기독교 종교집단 정착지로, 이 종교는 인종주의, 불평등, 박해가 없는 사회주의 낙원을 표방한다. 어린이를 포함한 900명 이상의 신도들이 자의 또는 강압에 의해 청산가리가 든 과일 펀치를 마신 후 사망했는데, 이는 역사상 가장 큰 규모의 집단 자살 사건 중 하나이다.

광물성 독

비소(Arsenic)
: 비소는 중금속 독이기도 하지만, 특정 암석과 토양에서 자연적으로 발견될 수 있는 독성 원소이다. 비소는 지하수를 오염시켜 이 물을 마실 경우 비소 중독을 일으킨다.

납(Lead)
: 납은 산업 오염으로 인하여 토양, 물, 공기 중에 존재할 수 있는 중금속으로, 광물성 독으로도 분류된다. 납을 섭취하거나 흡입하면 심각한 건강 문제를 일으킬 수 있다.

수은(Mercury)
: 수은은 자연에서 발견되는 또 다른 중금속이자 광물성 독이다. 수은은 다양한 산업 공정을 통해 환경으로 방출될 수 있으며, 인간과 야생동물에게 신경 및 발달 문제를 일으키는 것으로 알려져 있다.

시안화물(Cyanide)

: 시안화물은 특정 식물과 토양에서 자연적으로 발생할 수 있는 독성이 강한 화합물이다. 시안화물은 광물성 독이기도 하지만, 산업 공정 및 채굴 작업과 같은 인간 활동에 의해 화학적으로 생성되기도 한다.

석면(Asbestos)

: 석면은 불에 강한 특성으로 인해 건축 및 제조 분야에서 널리 사용되던 자연 발생 광물이다. 석면 섬유에 노출되면 폐암과 중피종 등 심각한 호흡기 질환을 일으킨다.

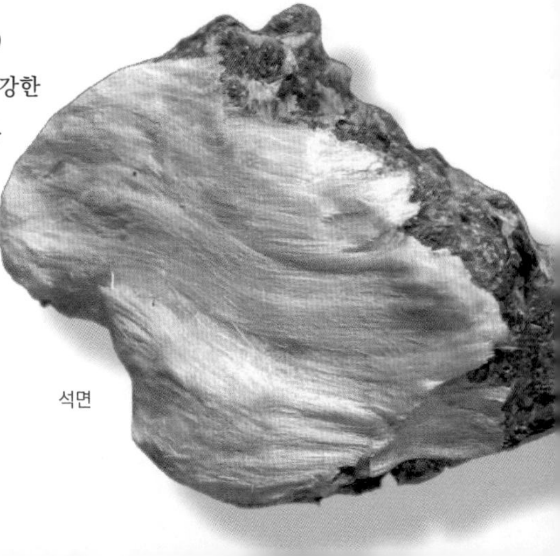

석면

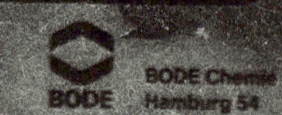

Röntgen
Kein Zutritt
für Unbefugte

방사성 독

방사선 중독은 방사선 병 또는 급성 방사선 증후군이라고도 하며, 높은 수준의 이온화 방사선에 노출되어 발생한다. 방사선 중독은 원자력 사고, 방사선이 포함된 의료 시술, 산업 사고, 테러 공격 등 다양한 전리방사선원에 노출될 때 치명적인 결과를 일으킬 수 있다. 방사선 중독의 심각성은 노출된 양과 기간, 그리고 관련된 방사선의 종류에 따라 달라진다.

알파 입자(α)
: 폴로늄-210과 같은 특정 방사성 물질에서 방출되는 전리 방사선의 일종으로, 피부에 침투할 수는 없지만 섭취하거나 흡입하면 암을 발생시키고 심각한 장기 손상을 일으킨다.

베타 입자(β)

: 스트론튬-90과 같은 특정 유형의 방사성 핵에서 방출되는 고속 전자 또는 양전자이다. 접촉시에는 위험성이 크지 않지만 섭취하거나 흡입하면 방사선 질병이나 암을 유발할 수 있다.

감마선(γ)

: 고주파의 전자기 방사선이 투과되면 알파 또는 베타 입자가 함께 방출되는데, 이 중에는 코발트-60 및 라듐-226이 있다. 감마선은 심각한 조직 손상을 일으키고 암의 위험을 높인다.

X선

: 감마선과 유사하지만 핵 외부의 과정에서 발생한다. 과다 노출되면 방사선 화상과 암 위험 증가로 이어진다.

중성자 방사선

: 자유 중성자로 구성된 일종의 전리 방사선으로, 원자로와 폭탄의 핵분열 과정에서 발생한다. 중성자 방사선은 살아있는 생물과 유기 물질에 돌이킬 수 없는 큰 피해를 준다.

라돈(Rn)

: 지하실과 같이 밀폐된 공간에 축적될 수 있는 방사성 불활성 가스로, 라돈 붕괴 생성물은 알파 입자를 방출하여 폐암을 일으킬 수 있다.

우라늄(U)

: U-235와 같은 방사성 동위원소에서 알파 입자와 감마선을 방출한다. 우라늄에 노출되면 신장이 손상될 수 있으며 장기간 노출되면 폐암의 위험이 높아진다.

플루토늄(Pu)

: 특히 Pu-239는 강력한 알파 입자 방사체로, 뼈와 간에 축적되어 암을 유발할 수 있는 심각한 위험성 독성물질이다.

세슘(Cs)

: Cs-137은 후쿠시마와 같은 핵 사고와 관련된 베타 및 감마 방출체이다. 방사선 질병을 일으키고 암의 위험을 증가시킨다.

요오드(I)

: I-131은 베타 및 감마 방사체이다. 섭취하면 갑상선에 집중되어 잠재적으로 갑상선암을 유발할 수 있다. I-131은 우크라이나 체르노빌 핵발전소 사건의 주요 오염 물질이다.

독을 담는 그릇

독을 담는 데에 적합안 용기는 독의 특성, 의도된 용도, 안전한 취급 및 보관의 필요성을 함께 고려해야 한다. 독을 담는 용기는 독을 안전하게 보관할 뿐만 아니라 우발적인 노출을 막는 역할을 한다.

독을 담는 용기의 종류는 또한 독의 효과와 전달에 영향을 미친다. 다음은 독을 담는 용기를 선택할 때 고려해야 할 몇 가지 주요 물리적, 화학적 요소이다.

재질
: 용기의 재질은 독의 속성에 영향을 미칠 수 있다. 어떤 소재는 독을 흡수하거나 독과 반응하여 독의 효과를 떨어뜨리거나 화학적 특성을 변형시킬 수 있으며, 반대로 어떤 소재는 독성에 반응하지 않아 효능을 강화할 수도 있다.

크기와 모양

용기의 크기와 모양은 독이 전달되는 방식과 독성 효과가 나타나는 속도에 영향을 줄 수 있다. 용기가 클수록 더 많은 독을 담을 수 있고, 용기가 작을수록 은폐하거나 운반하기가 쉬워진다. 마찬가지로 용기의 모양도 독 투여 방식에 영향을 미친다. 목이 좁은 병은 특정 대상에게 한 방울의 독을 전달할 때 사용되고, 입구가 넓은 용기는 많은 양을 투여해야 할 때 유용하다.

마개

: 용기에 사용되는 마개 유형은 독을 사용하는 방식과 독 전달 속도에 영향을 줄 수 있다. 돌리는 뚜껑이 있는 용기는 뽑아 쓰는 용기보다 여는 데에 더 시간이 걸린다.

온도 및 습도

: 용기가 보관되는 환경의 온도와 습도는 독의 안정성과 효능에 영향을 미친다. 어떤 종류의 독은 온도가 높거나 습한 환경에서 더 빨리 분해되거나 효능을 잃을 수 있는 반면, 다른 종류의 독은 더 안정적일 수 있다.

라벨링

: 용기에 표시된 라벨은 독의 성분을 구분하는 데 중요한 역할을 한다. 독의 라벨링은 현대에 더 중요하게 강조되고 있는 부분이다. 은밀성을 더하기 위해 과거에는 라벨링을 하지 않는 경우가 많았다. 혼동을 유발하기 위해 의도적으로 다른 라벨을 붙이기도 했다.

고대에서부터 독은 담는 용기는 다양한 모양과 소재로 만들어졌다. 특별하게 취급하기 위하여 세밀한 기술로 제작된 화려한 용기에 보관되기도 했다. 고대 그리스에서는 겉면이 복잡하게 칠해진 도자기나 정밀한 금속 세공품으로 독 병을 만들었다. 고대 로마에서 여러 유명 독살 음모에 가담한 악명 높은 독 제조자인 로쿠스타는 제조한 독을 작은 유리 앰플에 보관하여 휴대와 운반을 간편하게 했다.

중세 시대에는 아름답게 세공된 금속 플라스크가 사용되었다. 이 용기들은 장신구와 같은 일상적인 물건으로 위장되어 치명적인 목적을 더 잘 숨길 수 있었다.

　　　현대의 독극물 용기는 최고의 안전, 보안 및 기능을 염두에 두고 설계된다. 연구실, 해충 방제 또는 의료 환경에서 자주 사용되는 독 병은 극도로 조심스럽게 다루어야 하므로 병뿐만 아니라 독을 보관하는 환경에도 세심한 주의를 기울인다. 독의 이름, 농도, 위험성, 주의사항, 해독제 정보 등 필수 정보가 라벨에 모두 표기되어야 하되, 화학물질의 분류 및 라벨링에 관한 국제조화시스템(GHS) 등의 규정을 준수하여 표기하여야 한다.

신화 속의 독

신화 속의 독

    치명적이고 수수께끼 같은 물질인 독은 역사를 통틀어 인간 문화에서 중요한 위치를 차지해 왔다. 신화에서 독의 존재는 여러 상징적 장면들을 나타내고, 인간 본성을 반영하는 다양한 형태의 메타포로 나타난다.

독을 마시는 시그스몬다
Sigismonda Drinking The Poison
Joseph Edward Southall (English, 1861 - 1944)

레르나에서 온 헤라클레스와 히드라
Hercules and the hydra from Lerna (1555 - 1556)
Marco Marchetti (Italian, c. 1528-1588)

유럽 권역 신화 속의 독

그리스 신화

헤라클레스의 독화살

: 그리스 신화에서 독은 교활함 또는 속임수와 관련이 있다. 그리스 신화에서 가장 유명한 독 이야기는 헤라클레스(Hercules)와 히드라(Hydra)의 이야기다. 헤라클레스 이야기 속의 독화살은 그의 영웅적인 업적과 비극적인 죽음을 표현하는 데 중요한 역할을 하며, 이는 역사학자, 독물학자, 고전주의자 모두의 관심을 끌고 있다.

헤라클레스는 광기에 사로잡혀 아내와 아이들을 죽인 것에 대해 속죄를 하기 위해 에우리스테우스(Eurystheus) 왕으로부터 12가지 임무를 부여받는다. 그중 하나는 레르네 늪에 사는 머리 아홉 달린 거대한 물뱀 히드라를 죽이는 것이었다. 히드라는 머리가 잘릴 때마다 두 개씩 재생되는 아홉 개의 머리를 가지고 있었다. 머리의 재생을 막기 위해 헤라클레스는 횃불로 목을 태워 히드라를 해치운다. 헤라클레스는 고여있는 히드라 피 속에 화살을 담가, 단 한 번의 공격으로도 적을 죽일 수 있는 치명적인 무기로 만들었다.

메데이아
Medea (1868)
Frederick Sandys (English, 1829-1904)

메데이아(Medea)와 독의 선물
: 그리스 신화의 중심인물이자 강력한 마법사인 메데이아는 복수의 도구로 독을 사용하였다. 독과 관련된 메데이아의 에피소드는 많다. 그중 한 이야기에서 메데이아는 그녀의 라이벌 글라우스(Glauce)에게 정교하게 짜인 로브와 황금 왕관을 선물로 보낸다. 로브와 왕관에는 치명적인 독이 들어 있었다. 이 독은 매우 강력해서 글라우스는 로브와 왕관을 착용하자마자 불타는 독에 휩싸여 끔찍한 죽음을 맞이한다. 불타는 글라우스를 구하려던 아버지 크레온(Creon)도 독에 중독되고, 결국 두 사람은 동시에 비극적인 죽음을 맞이하게 된다.

숲이 우거진 풍경에 누워있는 판도라
Pandora Reclining In A Wooded Landscape
Louis Hersent (French, 1777-1860)

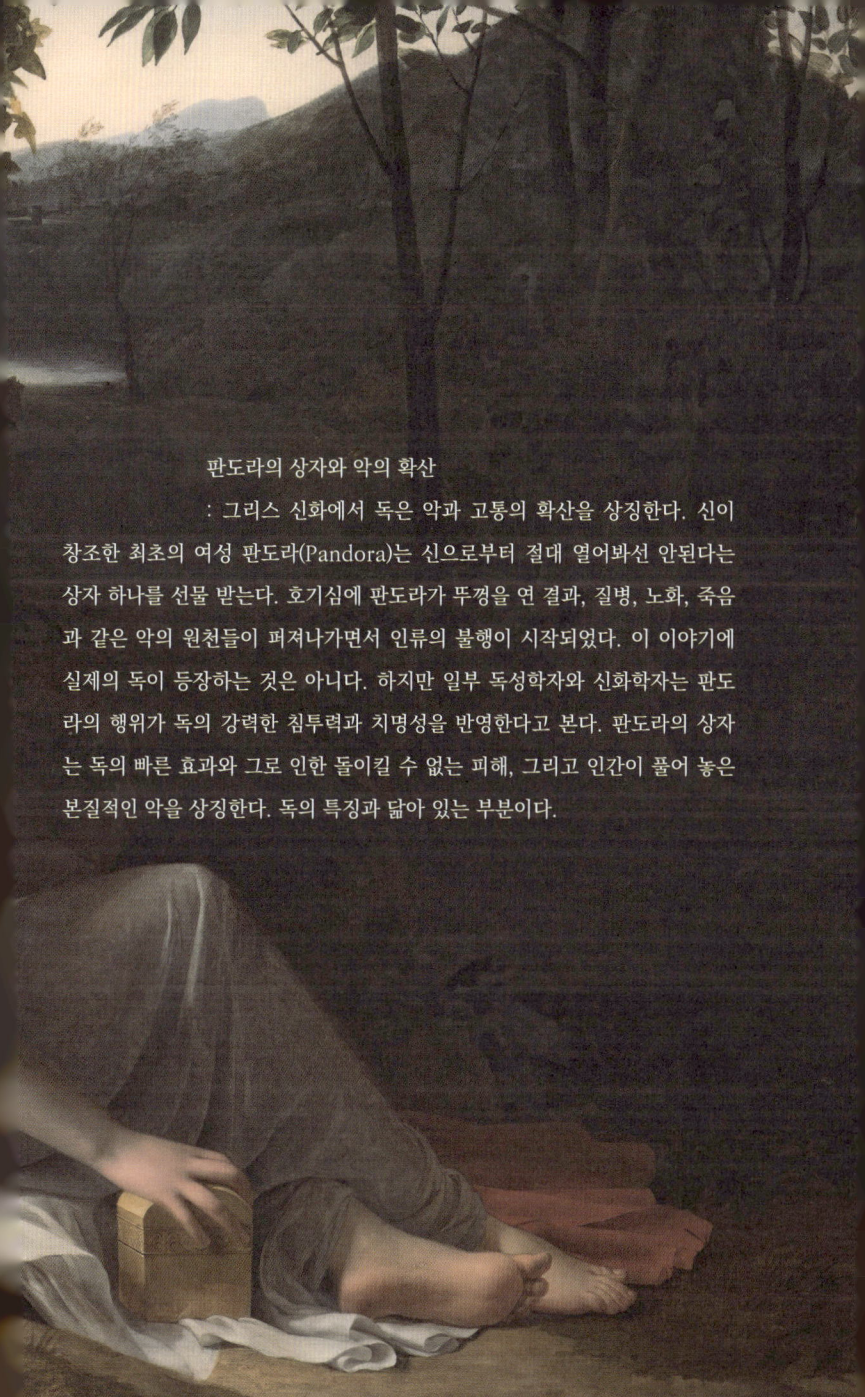

판도라의 상자와 악의 확산

: 그리스 신화에서 독은 악과 고통의 확산을 상징한다. 신이 창조한 최초의 여성 판도라(Pandora)는 신으로부터 절대 열어봐선 안된다는 상자 하나를 선물 받는다. 호기심에 판도라가 뚜껑을 연 결과, 질병, 노화, 죽음과 같은 악의 원천들이 퍼져나가면서 인류의 불행이 시작되었다. 이 이야기에 실제의 독이 등장하는 것은 아니다. 하지만 일부 독성학자와 신화학자는 판도라의 행위가 독의 강력한 침투력과 치명성을 반영한다고 본다. 판도라의 상자는 독의 빠른 효과와 그로 인한 돌이킬 수 없는 피해, 그리고 인간이 풀어 놓은 본질적인 악을 상징한다. 독의 특징과 닮아 있는 부분이다.

로키와 시긴
Loki and Sigyn (1901)
Arthur Rackham (English, 1867-1939)

북유럽 신화

로키(Loki)와 요르문간드(Jormungand)

: 기만의 신 로키와 파괴의 신 요르문간드는 북유럽 신화에서 유명한 인물이다. 로키는 악의와 속임수의 거인 앙그르보다(Angrboda) 사이에서 헬(Hel), 펜리르(Fenrir), 요르문간드(Jormungand)의 세 자식을 낳았다. 신화에서 요르문간드는 미드가르드(Midgard) 뱀이라고도 알려진 거대한 바다뱀으로 묘사된다. 오딘은 운명의 여신들로부터 '로키의 세 자식들이 라그나로크가 다가오면 큰 위험이 될 것'이라는 말을 듣고 이 세 아이들을 버리게 되는데, 이 사건은 후에 이 아이들과 신들과 대립하게 되는 계기가 된다.

요르문간드는 세계를 둘러싸고 있으며, 꼬리를 입에 물고 있는 모습으로 묘사된다. 북유럽 신화에 등장하는 종말론적 사건인 라그나로크(Ragnarok)는 신과 거인 간의 최후의 전투로써, 세상에 종말을 가져올 것으로 예언되는 사건이다. 요르문간드는 이 대격변에서 중추적 역할을 담당하는데, 종말의 날 라그나로크가 다가오자 요르문간드를 묶어두었던 사슬이 약해지기 시작했고, 요르문간드는 바닷속을 벗어나 육지로 올라올 수 있었다. 라그나로크가 진행되는 동안 혼돈과 파괴의 힘이 세상을 휩쓸며 세상은 어둠 속으로 빠져들었다. 불의 거인 수르트르(Surtr)가 이끄는 거인들은 신들과 전쟁을 벌였는데, 이 전쟁은 세상에 종말을 가져다 줄 정도로 치열했다.

발드르(Baldr)의 죽음

: 북유럽 신화에서 독이 등장하는 가장 유명한 이야기 중 하나는 발드르의 죽음이다. 발드르는 오딘(Odin)과 프리그(Frigg) 사이에서 태어난 아들로 아름다움과 선함의 신이기도 하다.

기만의 신 로키(Loki)는 겨우살이 식물로 만든 화살로 발드르를 죽인다. 겨우살이는 일반적으로 치명적인 독은 아니지만, 특정 종은 독성이 있어 소화기 장애와 심부전을 일으키는 독성 식물이다. 겨우살이는 프리그의 축복에서 유일하게 벗어난 식물로 발드르의 하나뿐인 약점이기도 했다.

오딘이 발드르에게 남긴 마지막 말
Odin's last words to Baldr (1908)
by W. G. Collingwood.

신의 음료 오드레리르(Odrerir)

: 오드레리르는 단순한 음료가 아니라 마시는 사람에게 절묘한 시를 짓는 특별한 재능을 불어넣어 준다고 알려진 강력한 비약이다. 이 음료는 현명한 크바시르(Kvasir)의 피와 꿀을 섞은 특별한 제조법으로 만들어진다.

신화학자는 피를 마법의 술로 변하는 것은, 인체에서 추출한 물질이라도 변형될 경우 강력한 효과를 발휘할 수 있는 은유로 해석한다. 많은 문화권에서 피를 섭취하는 행위는 금기로 분류되며, 몇몇 사회의 문화적 의식에서만 보여진다. 방부 효과가 있는 천연 감미료인 꿀을 첨가하는 행위는 전통적인 밀주 제조에서 흔히 볼 수 있는 관행이었다.

켈트 신화

독이 든 루(Lugh)의 창

: 켈트 신화에서 빛의 신인 루는 독이 묻은 창을 주 무기로 휘두른다. 창의 독은 매우 강력하기 때문에 사용하지 않을 때는 가마솥에 있는 물에 담겨 있어야 한다. 루는 이 독이 묻은 창으로 어둠과 혼돈을 상징하는 외눈박이 괴물 거인 발로르(Balor)를 물리친다. 어둠에 대한 빛의 승리와 악을 정복하는 독의 힘을 상징한다.

군데스트럽 가마솥
The Gundestrup Cauldron: exterior plates
Denmark, 150 BC, Historic Museum of Bern.

다그다(Dagda)의 가마솥

: 아일랜드 신화에서 선, 지혜, 힘, 마법의 신 다그다는 독성의 비약을 생산하기도 하고, 치유의 약을 생산하기도 하는 마법의 가마솥 '운드리(Undry)'를 소유하고 있다고 전해진다. 이 솥은 생명과 동시에 죽음을 상징한다. 운드리는 전쟁과 전투에 사용되는 독을 만들기도 했지만, 치명상을 입은 사람들을 치료하고 완전한 건강 상태로 회복시키는 엘릭서(Elixir)를 만드는 솥이기도 했다. 독의 이중적인 본질은 신화에서 되풀이되는 주제로, 피해와 치유, 파괴와 재생 모두의 가능성을 강조한다.

슬라브 신화

뱀으로 묘사되는 지하세계의 신 벨레스(Veles)

: 슬라브 신화에서 지하 세계의 신인 벨레스는 혼돈, 속임수, 어둠의 신으로, 천둥의 신 페룬(Perun)과의 전투는 선과 악, 질서와 혼돈 사이의 영원한 대립을 상징한다. 뱀이나 용으로 묘사되는 벨레스는 다산, 부, 물, 지하 세계와 관련된 신이며, 천둥과 하늘의 신인 페룬은 질서와 법, 천구를 상징하는 최고의 신이다. 슬라브 신화의 벨레스와 페룬의 갈등은 벨레스가 불러일으키는 강력한 혼돈을 구현하는 뱀의 독과 함께, 생명을 주는 힘과 자연의 파괴적인 힘 사이의 긴장을 나타낸다.

슬라브인들은 뱀을 경외심과 두려움의 대상으로 생각했지만, 집안의 영혼이나 조상과도 관련이 있다고 생각했다. 특히, 슬라브 지역의 독사는 벨레스 신의 아바타로 여겨졌다.

바바 야가(Baba Yaga)와 독버섯

: 슬라브 민속의 마녀 바바 야가는 독의 수수께끼를 가진 캐릭터로, 전통적인 서사에서 독의 위험과 힘을 상징한다. 바바 야가는 독초와 곰팡이에 대한 지식을 포함한 자연의 치명적인 비밀을 이해하는 존재이다. 특히 독버섯을 다루는 데 능숙한 바바 야가는 독의 위험성을 부각하고, 자연의 힘을 존중해야 한다는 교훈을 주는 역할을 하는 캐릭터이다.

바바 야가는 영화 '존윅'에서 주인공 존윅의 별명이기도 하다. 존윅에게 붙은 바바 야가라는 별명은 '높은 위치의 신화적인 암살자'를 의미하는데, 영화에서 존윅은 러시아 암살조직의 일원으로 성장하여, 전설적인 킬러로 설정된다.

러시아 민속 이야기에 묘사된 바바 야가
Baba Yaga depicted in Tales of the Russian People
(published by V. A. Gatsuk in Moscow in 1894)

호루스와 세트
Horus and Set binding together upper and lower Egypt

중동, 아프리카 권역 신화 속의 독

이집트 신화

호루스(Horus)의 중독

: 이집트 신화에서 독은 배반 또는 속임수와 관련이 있다. 혼돈과 폭력의 신인 세트(Set)는 이집트의 왕좌를 차지하기 위해 조카 호루스를 독살하려 한다. 그러나 호루스는 중독에서 살아 남아 세트와 전투를 벌이는데, 호루스는 세트를 물리치고 정당한 통치자가 된다. 이 신화는 호루스가 상징하는 '질서'와 세트가 상징하는 '혼돈' 사이의 영원한 투쟁을 의미하며, 이 에피소드에서 독은 갈등의 긴장을 증폭시키는 중추적인 플롯 장치 역할을 한다.

마법사 케멧(Kemet)과 뱀 독

: 고대 이집트에는 '뱀 독'의 일종인 강력한 독 이야기가 전해져 내려오고 있다. 이 독은 현존하는 가장 치명적인 물질로, 누구든 이 독에 손

일곱 개의 칼을 든 라의 바크 아래 아포피스
Apophis below the barque of Ra with seven knives, Book of the Dead of Amenemsaouf, 21st Dynasty, Louvre Museum, Paris

을 대는 순간 고통스러운 죽음에 이른다고 한다. 신화에 따르면 이 독은 태양신 라(Ra)의 거대한 신전 안에 숨겨진 신성한 방 안에 있고, 혼돈과 악의 화신인 뱀 형상의 아포피스(Apophis)가 독을 지키고 있다고 전해진다.

교활한 마법사 케멧은 이 독을 손에 넣어 자신의 어두운 야망에 이용하려 한다. 케멧은 뱀 아포피스를 약화시키는 금지된 비밀의 의식을 알고 있었다. 케멧은 길고 어려운 여정 끝에 아포피스를 만나 전투를 벌이게 되지만, 태양신 '라'의 개입으로 패배하고, 추방당한다.

독사의 여신 네헤브카우(Nehebkau)

: 고대 이집트의 신 네헤브카우는 뱀의 이중성을 상징한다. 네헤브카우는 독사의 여신으로 독과 치유의 힘을 모두 지니고 있다. 인간의 팔과 다리를 가진 뱀으로 묘사되는 네헤브카우는 보호와 치유의 능력으로 존경받는 신이지만, 독성으로 인해 두려움의 대상이 되기도 한다. 네헤브카우의 주술은 고대 이집트의 의료 행위, 특히 독사에 물렸을 때나 독극물에 중독됐을 때 사용되었다.

네헤브카우의 나무 조각상
A wooden figure of Nehebkau
from the Ptolemaic period housed in the Metropolitan Museum of Art.

사제들은 네헤브카우가 생명과 치유의 뱀이라고 믿고 있어, 해로운 독소를 중화시키고 질병을 치료하는 데 도움을 준다고 생각했다.

     네헤브카우와 관련된 가장 유명한 이야기는 태양신 '라'와 뱀 아포피스의 이야기이다. 아포피스는 세상을 영원한 어둠에 빠뜨리기 위해 밤마다 지하 세계를 가로지르는 태양신 '라'의 여정을 방해하려 한다. 네헤브카우는 흔들리지 않는 충성심으로 '라'의 곁을 지키며 뱀 아포피스를 물리칠 수 있게 해준다.

클레오파트라(Cleopatra)와 ASP

: 신화 이야기는 아니지만 고대 이집트의 마지막 파라오인 클레오파트라는 독사에 물려 스스로 목숨을 끊은 것으로 유명하다. 독인 ASP에 대한 내용은 구전과 그림으로만 전해지는데, 호흡부전을 유발하는 독을 가진 이집트 코브라일 가능성이 크다고 동물학자들은 추측하고 있다. 클레오파트라의 죽음은 실제 사건을 통한 독의 위험성을 나타내며, 예술가들은 이 사건에 매혹을 느끼고 영감을 받아 고대 이집트 마지막 여왕에 대한 수많은 작품들을 남겨놓았다.

아담과 이브
Adam and Eve (1528)
Lucas Cranach the Elder (German, 1472 - 1553)

중동 신화

에덴동산의 뱀

: 중근동의 창조 이야기에서 뱀은 이브에게 금지된 열매인 선악과를 먹도록 유혹하였고, 이것을 먹은 아담과 이브는 에덴동산에서 추방당하게 된다. 금단의 열매는 문자 그대로의 독은 아니지만 '독'을 은유적으로 표현한 것이다.

인류 최초의 인간, 아담의 이야기는 기독교보다 훨씬 먼저 생겨난 유대교부터 시작한다. 유대교에서 아담은 야훼(하나님)의 천지창조 7일 중, 여섯 번째 날에 창조되었다. 최초의 인간 아담의 신화적 모티브는 후에 창조된 기독교 창세기에도 영향을 주었다. 기독교 구약성경의 창조 신화는 600년 후 이슬람에도 영향을 준다. 이슬람교에서도 아담을 알라(하나님)이 보낸 선지자 중 한 명으로 여기고, 기독교와 비슷한 내용의 구약성경을 공유하고 있다. 전혀 다른 종교로 보이지만 중근동은 같은 문화 요소를 공유하고 있으므로 신화적인 내용도 공유되는 것이다.

이슬람 민속에서의 전갈

: 독침을 가진 전갈은 위험, 죽음, 배신 등을 상징하며 오랫동안 인류의 신화적 소재가 되었다. 이슬람 민속에서 전갈은 독성을 가진 위험한 동물의 이미지와, 독성 및 치유의 위엄을 가진 신성한 동물의 상징적 의미가 뒤섞여 있다.

사히 알 부카리(Sahih al-Bukhari)의 하디스(hadith)에는 예언자 무함마드가 기도하는 동안 전갈이 한 사람을 쏘았다고 기록되어 있는데, 위험한 생물과 공존해야 하는 중동 지역의 환경을 이야기해준다.

이슬람 학자 알 다미리(Al-Damiri)는 그의 저서인 '하야트 알 하야완(Hayat al-Hayawan, 동물의 삶)'에서 전갈을 약으로 사용하는 방법이 적혀있는데, 이 텍스트는 중세 이슬람 세계에서 전갈 독이 약용으로도 활용할 수 있음을 이미 알고 있다는 것을 의미한다.

아프리카 신화

독이 있는 전갈과 현명한 거북이

: 서아프리카 민속 이야기에는 현명한 거북이가 위협적이고 독이 있는 전갈로부터 왕을 구해내는 이야기가 담겨 있다. 거북이는 지혜를 이용해 전갈을 속여 자신의 위치를 알려주는데, 이 행동은 거북이가 도움을 주고 있던 왕의 안전을 보장하고, 전갈의 위협으로부터 동물의 왕국을 보호하기 위한 전략이었다.

독 전갈과 지혜로운 거북이의 전설은 위험과 지혜 사이의 균형을 상징하는데, 강력한 독소에 대적하는 지혜가 가장 효과적인 해독제 역할을 할 수 있음도 의미한다.

니암베(Nyambe)의 전설과 뱀의 독

: 잠비아의 로지(Logi)족 신화에서 창조신 니암베는 오만하고 순종할 줄 모르는 인류를 벌하기 위해 독사를 보낸다. 목적대로 뱀의 독은 인류에게 질병과 죽음을 가져다 주지만, 니암베는 인류를 불쌍히 여겨 약초를 사용하여 독에 대항하는 방법도 알려준다. 이 신화는 독의 이중성을 특히 강조하는데, 독이 파괴의 원천이며, 깨달음과 학습의 중요성도 동시에 의미한다.

아시아 권역 신화 속의 독

중국 신화

백골정령과 맹독열매

: 중국의 고전 소설 '서유기'에는 악마 백골정이 남편에게 점심을 갖다주는 아름다운 여인의 모습으로 변신하여 삼장법사 일행에게 접근하는 이야기가 담겨 있다. 백골정이 가지고 온 점심은 음식이 아닌 뱀과 개구리, 구더기가 잔뜩 들어있는 가짜였다. 손오공은 타고난 지혜와 능력으로 독을 감지하고 삼장법사 일행을 위험에서 구해낸다.

백사 전설

: 중국의 백사 전설은 중국에 전해 내려오는 4대 민간 전설 중 하나로, 독사인 백사가 아름다운 여인 백소정으로 변신해 인간의 삶으로 뛰어드는 이야기이다. 그녀는 인간 남자 허선과 사랑에 빠지고 결혼하여 약방을 여는 등 행복한 시간을 함께한다. 그러나 그녀의 정체를 알아차린 승려 법해(法海)는 단오절 날 백소정이 웅황주(雄黃酒)를 먹도록 하라고 허선을 부추겼고, 이를 먹은 백소정이 백사로 변하자 이에 허선은 놀라서 죽고 만다. 그러나 백소정은 천상의 정원에서 선초(仙草)를 훔쳐 와 허선을 살려낸다. 법해는 허선을 속여 백소정을 금산사에 연금시킨다. 여러 구전에는 법해가 백소정을 뇌봉탑(雷峰塔) 아래에 가둔다는 이야기나, 백소정이 낳은 아들에 관한 이야기 등 다양한 버전의 에피소드가 존재하는데, 오래되고 유명한 이 전설은 오페라, 영화, 드라마 등에서 자주 등장하는 소재이다. 백사 전설을 주제로 한 왕조현과 장만옥의 '청사(靑巳)'도 큰 인기를 끈 영화다.

다이닛폰 메이쇼 카가미
51 prints Dai Nippon meisho kagami,
"A Mirror of Famous Commanders of Great Japan."

일본 신화

오로치(Orochi)와 독의 강

: 일본 신화에서 머리가 여덟 개, 꼬리가 여덟 개 달린 뱀으로 묘사되는 오로치는 인간 제물을 요구하고 강을 독으로 오염시키는 사악한 캐릭터이다. 오로치는 눈이 붉게 빛나고, 몸은 이끼와 노송나무로 뒤덮인 거대한 뱀의 모습으로 표현된다. 오로치의 독은 매우 강력하여 활기차게 생명을 유지하던 강을 황폐화시키고 주변 땅까지 오염시킨다. 오로치는 매년 오염된 독 강을 따라 강 상류에 사는 노부부를 찾아가 희생 제물로 바칠 처녀를 요구한다.

폭풍과 바다의 신 스사노오가 이 이야기를 듣고 오로치를 죽일 계획을 세운다. 노부부는 8개의 독주로 오로치를 취하게 하고, 스사노오는 취한 오로치의 목을 하나하나 벤 뒤 오로치를 처치한다. 오로치가 죽자 독으로 오염된 강이 정화되고 마을 사람들은 공포로부터 해방된다.

뱀 오로치는 일본의 인기 만화인 '나루토'에 등장하는 캐릭터 오로치 마루의 모티브가 되었다.

토코요(Tokoyo) 이야기와 독을 품은 바다 괴물

: 일본 토코요의 민화는 유독한 위협을 배경으로 모험과 용기, 결단력이 어우러진 이야기를 담고 있다. 이야기의 주인공인 토코요는 용감하고 수완이 뛰어난 여성으로, 바다 괴물의 위협에 시달리는 해안 마을에 살고 있었다. 유독한 독을 가진 이 바다 괴물은 마을 주변의 바다를 오염시키고, 바다 생물에게 막대한 피해를 주어서 마을 사람들의 생계에 위협을 가한다.

토코요는 자신의 지능과 용기를 이용해 괴물과 맞서 결국 괴물을 죽이고 독성 공격으로부터 마을을 구한다.

만다라 산 아래 비슈누의 쿠르마 아바타
Kurma avatar of Vishnu, below Mount Mandara,
with Vasuki wrapped around it, during Samudra Manthana,
the churning of the Ocean of Milk, c. 1870

힌두교 신화

우유 바다 휘젓기

: 힌두 신화에서 독은 깨달음과 영적 변화를 이루기 위해 극복해야 하는 어둠과 혼돈을 상징한다. '사무드라 만탄(Samudra Manthan)'으로 알려진 '우유 바다(ocean of milk) 휘젓기'는 힌두 신화에서 중요한 우주적 사건으로, 신(Deva)과 악마(Asura)가 불멸의 꿀 음료인 '암리타(amrita)'를 얻기 위해 협력을 시작한다는 이야기에서 시작된다. 우유 바다를 휘젓는 밧줄로는 뱀의 왕 바수키(Vasuki)가 활약했다. 우유 바다를 휘젓자, 바다에서 진귀한 보물과 신성한 존재들이 나타났는데, 소원을 들어주는 소 카마데누(Kamadhenu), 신성한 코끼리 에어라바타(Airavata), 부와 번영을 상징하는 여신 락쉬미(Lakshmi), 강력한 독 할라할라(Halahala) 등이 그것이다. 할라할라는 암리타가 만들어지기 전에 우유 바다에서 나와 데바와 아수라 측 모두를 질식으로 쓰러지게 만들었다. 도움 요청을 받은 시바(Siva) 신은 독으로부터 우주를 지키기 위해 할라할라를 마셨다. 그 결과 시바의 목이 파랗게 변하여 '닐라칸타(Neelakantha, 푸른 목)'라는 이름을 얻게 된다. 목만 파랗게 변한 이유는 시바의 아내 파르바티 여신이 시바의 목을 잡아 독이 배까지 닿지 않도록 했기 때문이다.

우유 바다 휘젓기 신화는 독이 파괴적인 힘과 그 힘을 중화시키는 신성한 변화 또는 개입의 힘으로 작동한다. 독이 갖고 있는 역설적인 특성과 이중성을 나타낸다.

인도의 독사 칼리야가 묘사된 세밀화
Indischer Maler um 1640

칼리야(Kaliya)의 저주

: 어린 크리슈나(Krishna)는 야무나 강에 사는 독사 칼리야를 만난다. 칼리야는 강을 독으로 오염시켜 지역 주민과 야생 동물에게 피해를 입히는 사악한 존재였다. 뱀의 독에 굴하지 않고 크리슈나는 독이 있는 강으로 뛰어들어 칼리야와 대결을 벌이는데, 크리슈나는 칼리야의 머리 위에서 전통 춤을 추어 칼리야를 제압하고 강을 떠나도록 명령한다. 크리슈나와 칼리야의 이야기는 악에 대한 선의 승리와 독의 치명적인 영향을 중화시키는 신성한 개입의 힘을 보여준다. 또한 이 신화는 조화를 방해하는 억압적인 힘인 칼리야의 독과 크리슈나로 의인화된 신성한 힘 사이의 균형을 이야기함과 동시에, 독의 악의적인 잠재력과 독을 길들이고 변화시키는 신성의 힘을 상징한다.

아메리카, 해양문화 권역 신화 속의 독

아메리카 원주민 신화

익토미(Iktomi)의 독

: 아메리카 인디언인 라코타(Lakhota) 신화에서 사기꾼 거미 익토미는 독을 사용하여 다른 사람을 속이고 조종한다. 한 이야기에서 익토미는 오리 무리를 속여 오리들이 눈을 감고 춤을 추게 한 뒤, 독이 든 막대기로 그들을 죽인다. 익토미의 전설은 잔인하지만, 은유적 맥락에서 독의 특성을 강조한다. 이 이야기에서 독은 해를 입히는 물질일 뿐만 아니라, 악의적인 의도, 속임수, 조작과 관련된 권력 역학을 상징적으로 표현한다.

치유와 보호의 상징인 방울뱀

: 일부 아메리카 원주민 문화에서는 독이 있는 방울뱀이 치유와 보호를 함께 상징한다. 방울뱀은 치명적인 독사지만, 그 독에는 치유력도 있는 것으로 믿어지는데, 실제로 일부 뱀의 독에는 고혈압과 혈액 응고 장애를 치료하는 화합물을 포함하고 있어 의학적으로 활용되기도 한다.

탈피하는 뱀의 능력은 재생과 변화를 상징하기도 한다. 아메리카 신화 속에서 방울뱀으로 표현되는 독의 특성은 복잡하고 다면적인 독의 특성을 나타낸다.

불 옆에 앉아있는 익토미
Iktomi depicted sitting by the fire.

케찰코아틀 부조
Vision Serpent depicted
on lintel 15 from Yaxchilan
Maya site of Yaxchilan, Mexico,
Late Classice Period.
British Museum

메소아메리카 신화

케찰코아틀(Quetzalcoatl)과 독 바람

: 아즈텍, 마야 신화에서 깃털 달린 뱀으로 묘사되는 케찰코아틀 신은 파괴와 혼돈을 가져오는 신으로, 독을 품은 바람과 관련이 있다. 아즈텍 창조 신화의 어떤 버전에서 케찰코아틀은 뱀의 화신을 통해 독이 있는 바람을 일으켜 이전 세계를 파괴하고 새로운 세계를 만들 수 있는 존재로 표현된다. 케찰코아틀의 이런 능력은 파괴력과 재생력을 의미하여 독의 이중적 측면을도 상징화한다.

마야의 신 카마소츠(Camazotz)와 치명적인 박쥐 독

: 마야 신화의 박쥐 신인 카마소츠는 죽음과 지하 세계를 관장하는 신이다. 마야의 창조 신화인 포폴 부(Popol Vuh)에 등장하는 카마소츠는 죽음, 어둠, 독성을 상징한다. 포폴 부에서 영웅적 쌍둥이인 후나푸(Hunahpu)와 크발란크(Xbalanque)는 지하 세계로 여행을 떠나는데, 그곳에서 카마소츠와 박쥐 군대를 만나게 된다. 카마소츠의 집에서 하룻밤을 보내야만 했던 쌍둥이는 박쥐로부터 자신들을 방어하기 위해 여러 가지 지략을 꾸민다.

카마조츠 이야기는 독의 위협이 끊임없이 존재하는 자연계를 상징한다. 박쥐는 마야 신화에서 중요한 역할을 하며, 카마조츠는 현실 세계와 신화 세계를 연결짓는 고리의 역할을 한다. 박쥐는 일반적으로 독이 없지만, 위험하고 신비한 생물이라는 인식으로 인해 카마조츠를 치명적인 독과 연관시키는 데 영향을 미쳤다.

폴리네시아의 우주 창조 신화(폴 고갱)
The Universe is Created (L'Univers est cree)
II (c. 1894)
Paul Gauguin (French, 1848-1903)

해양 신화

마우이(Maui)와 히나(Hina)의 전설

: 폴리네시아 신화에서 반신반인인 마우이는 그의 여동생 히나와 함께 독으로 그들의 백성을 위협하는 거대한 뱀장어의 왕, 테 투나(Te Tuna)를 물리친다. 마우이와 히나는 독을 뿜어내는 테 투나의 몸을 코코넛 나무로 변형시켜 사악한 능력을 순화시킨다. 이 이야기는 위험하고 파괴적인 것을 생명과 자양분의 원천으로 바꾸는 변화의 능력을 보여준다. 위험하고 독성이 강한 뱀장어인 테 투나는 독의 파괴적인 잠재력을 상징하고, 코코넛 나무로 변한 테 투나는 독의 재생과 생명력을 상징한다.

폴리네시아 특히 쿡 제도의 일부 문화권에서는 물고기 식중독인 시과테라(ciguatera)를 유발하는 곰치를 오랫동안 사냥하여 식재료로 사용했다. 곰치를 안전하게 조리해 먹을 수 있다는 것은 독소에 대한 깊은 이해와 사용법이 발달했음을 의미한다.

독문어와 피지(Fiji)의 탄생

: 피지의 창조 신화는 거대한 문어가 독성 먹물을 방출하여 바다가 물러나고 그 아래에 있는 땅이 드러나 피지섬이 만들어졌다는 내용을 담고 있다. 독 문어의 이야기는 독이 가진 창조와 변형을 의미하고, 자연의 신비함을 상기시키는 역할을 한다.

실제로 피지인들은 복잡한 해양 환경에 대한 이해가 깊다. 파란고리문어와 같은 몇몇 문어는 신화의 내용과 같이 치명적인 독성물질을 생성한다. 피지인들은 해양 동물의 잠재적 위험을 인식하고 있었으며 생명을 주는 바다의 힘을 이해하고 존경했다는 것을 말해준다.

헤라클레스와
레르네안 히드라
(오스트리아 빈, 신궁전)
Heracles and the Lernaean Hydra
by Edmund Hofmann, Hofburg

신화와 독 시퀀스 분석

세계 신화 전반에 걸쳐 독은 파괴와 변화, 치유를 나타내는 강력하고 복잡한 상징으로 등장한다. 교활한 사기꾼이나 독이 있는 생물에서부터 영웅주의와 신성 개입에 관한 이야기에 이르기까지 신화에서 독이 등장하는 이야기는 흔하며, 독에 대한 인류의 호기심, 독의 이중성, 인간의 본성과 치유력, 선과 악 등 여러 상징을 반영하고 있다.

지식과 권력의 상징으로서의 신화 속의 독

다양한 신화에서 독은 파괴적인 힘일 뿐만 아니라 지식과 권력의 상징이기도 하다. 신, 마녀, 신화 속 생물과 같이 독을 휘두를 수 있는 존재들은 위험한 물질을 다룬다는 점에서 두려운 존재임과 동시에 존경을 받는 존재이다. 독은 특권적인 지식과 권력을 직관적으로 상징하며, 독을 정화하려는 에피소드는 자연의 힘을 통제하려는 인간의 욕망을 의미하기도 한다.

메데이아(Medea)와 권력과 복수를 위한 독의 사용

: 그리스 신화에서 독을 전략적으로 사용한 메데이아는 독으로 인한 힘과 타락의 양면성을 보여주는 캐릭터이다. 콜키스(Colchis)의 공주이자 태양신 헬리오스의 손녀인 메데이아는 마법과 주술의 여신 헤카테(Hecate)에게 비법을 배워, 약초, 물약, 독약에 대한 폭넓은 지식을 습득하여 강력한 마법사로 거듭날 수 있었다. 메데이아는 독에 대한 지식을 사용하여 적에게 치밀한 복수를 하고 상황을 자신에게 유리하도록 조작하는 인물이다.

오비드의 변신이야기 중의 한 장면으로
메데이아가 마법을 사용하는 장면
Medea using her Magic, a scene from Ovid's Metamorphoses
Antonio Maria Vassallo (Italian, ca. 1620 – 1664)

가장 유명한 에피소드 중 하나는 펠리아스(Pelias) 왕에게 복수하기 위해 독을 사용한 일이다. 메데이아는 '젊어지는' 마법을 보여주겠다며, 늙은 숫양 한 마리를 약초와 함께 끓인 후 어린 양으로 되살려냈다. 이 마법에 속은 펠리아스의 딸들은 아버지가 다시 젊어지기를 바라며 양을 삶은 것처럼 펠리아스를 끓였다. 하지만 메데이아는 젊어지는 약초 중 하나를 일부러 넣지 않았고, 결국 펠리아스는 죽게 된다. 메데이아의 독을 다루는 힘의 매력과 그 힘이 남용 또는 오용되어 비극적인 결과를 불러 올 수 있음을 이야기해 준다.

로키와 시긴
Loke and Sigyn (1863)
Mårten Eskil Winge (Swedish, 1825 – 1896)

북유럽의 신 로키(Loki)와 독화살

: 북유럽 신화에서 프리그(Frigg)는 우주의 모든 생물, 물체, 힘에게 자신의 아들이자 빛의 신 발드르(Baldr)를 해치지 않겠다는 맹세를 받아내어 발드르를 무적의 존재로 만든다. 하지만 '겨우살이'는 해가 없는 식물이라고 생각했기 때문에, 겨우살이를 이용해 해치는 방법은 이 맹약에서 제외되었다. 기만과 사기의 신 로키는 이 사실을 알고 겨우살이로 화살을 만들어 눈먼 신 호드르(Hodr)에게 쏘게 했고, 결국 발드르는 겨우살이 화살에 맞아 죽는다.

발드르의 죽음은 북유럽 신화의 종말론적 사건인 라그나로크의 시작을 포함한 비극적 사건으로 이어지게 된다. 권력과 통제를 바탕으로 한 교활한 행동은 의외의 비참한 결과를 가져올 수도 있다는 상징적 은유을 반영한 이야기이다.

시험으로서의 독

많은 신화와 전설에서 독은 인간의 인격을 시험하는 리트머스와 같은 역할을 한다. 독이 가진 적과 맞서 싸우거나 독을 사용하려는 유혹을 이겨낸 영웅은 더 강하고 현명해지며, 반대로 자신의 이익을 위해 독의 유혹에 굴복하는 영웅은 끔찍한 결과를 겪게 된다.

헤라클레스(Hercules)와 독뱀 히드라(Hydra)

: 그리스 신화에서 헤라클레스는 힘, 용기, 지혜를 시험하는 일련의 시련에 직면한다. 이 시련 중 하나는 독 피를 가지고 있으며, 머리가 여러 개인 뱀 히드라를 물리치는 것이었다. 히드라는 독성이 강할 뿐만 아니라 머리가 잘릴 때마다 두 개의 머리가 다시 자라는 데다, 머리 중 하나는 거의 무적의 존재였다. 헤라클레스는 히드라의 머리를 자르고, 새 머리가 자라나지 못하게 횃불로 지진 후 히드라를 처치한다.

헤라클레스의 승리
The Triumph of Hercules (1761)
Giovanni Battista Tiepolo (Italian, 1696-1770)

     헤라클레스는 히드라의 피를 화살에 묻혀 치명적인 무기로 만들었다. 하지만 후에 이 독화살의 피가 묻은 망토를 입도록 속아 죽음을 맞이하게 된다.

     이 에피소드는 독의 힘이 양날의 검이라는 것을 강조한다. 헤라클레스가 히드라의 독 피를 전술적으로 사용한 것은 독에 대한 지식과 통제가 가져다주는 전략적 이점을 잘 보여주지만, 그의 비극적인 죽음은 그 힘을 잘못 다뤘을 때 초래될 수 있는 비참한 결과를 강조한다.

전갈의 모습을 한 여신 세르케트 청동상
Late Period bronze figure of Serket

삶과 죽음의 상징으로서의 독의 이중성

삶과 죽음의 상징인 독의 이중성은 전 세계의 다양한 신화와 전설, 구전, 문화에서 반복적으로 등장하는 주제이다. 해로움과 연관된 독은 생명을 위협하는 측면과 생명을 구하는 측면을 모두 나타내는 역설적인 특성을 나타낸다. 이 특성은 독이 상반되는 힘과 상호작용 등의 복잡함이 공존함을 상징하기도 한다. 치유하고 해치고, 창조하고 파괴하는 독의 능력은 모든 것이 상호적으로 연결되어 있음을 말해주며, 자연 세계에 존재하는 섬세한 균형을 의미하기도 한다.

이집트의 신 세르케트(Serket)와 독의 치유력

: 고대 이집트 신화에서 셀케트(Selket) 또는 세르케트(Serqet)는 치유, 보호, 독의 치명적인 속성과 관련된 여신이다. 머리에 전갈을 쓴 여인 또는 여성의 몸을 가진 전갈로 묘사된다.

치유의 여신인 세르케트는 사후 세계를 여행하는 동안 망자를 보호하고 돕는 데 중요한 역할을 한다. 이집트에서 흔히 볼 수 있는 전갈이나 뱀과 같은 독이 있는 생물로부터 보호하기 위해 이집트인들은 세르케트 여신을 주문이나 부적으로 소환하기도 하였다.

세르케트의 가장 큰 역할 중 하나는 독의 치유력에 관한 것이다. 이집트인들은 특정 전갈의 독이 치료 목적으로도 활용할 수 있음을 알고 있었다. 그들은 세르케트가 독침의 해로운 영향을 완화해주는 자비로운 존재라고 생각했다. 이집트 예술과 건축에서는 독이나 질병으로부터 보호를 원하는 사람들이 세르케트를 보호 부적에 그려 사용하기도 했다.

변화와 성장을 위한 촉매로서의 독약

　　많은 신화와 전설에서 독은 변화와 성장을 위한 촉매제 역할을 하여, 캐릭터가 역경에 대응하고 더 나은 존재로 진화하도록 조력하는 매개 역할을 하기도 한다. 일부 문화적 맥락에서 독은 진화와 발전의 잠재력을 상징한다. 독은 치명적이지만 긍정적인 변화를 위한 강력한 힘으로도 작용하기 때문이다. 이러한 이중성은 파괴적인 요소와 변화의 요소가 공존하는 인간 삶의 복잡성을 반영한다. 역경이 성장과 쇄신으로 변화시킬 수 있는 촉매제로 작용한다는 것을 의미한다.

연금술사 센디보기우스
Alchemist Sendivogius (1566-1636)
by Jan Matejko, 1867

독과 변신의 연금술적 상징

: 연금술에서 독은 문자 그대로의 독성 외에도 중요한 상징적 의미를 지니고 있다. 독은 정신적, 물질적 변혁에 꼭 필요한 파괴적이고 변형적인 힘이다. 연금술사들은 변화의 과정에는 불순한 것이 선행되어야 한다고 믿었다.

'용해하고 응고시킨다'라는 뜻의 '솔브 에 코아귤라(solve et coagula)'는 연금술의 핵심 개념이었다. 이 개념은 물질을 금으로 만들기 위해 필수적인 성분으로 분해(용해)한 다음 더 순수한 형태(응고)로 재결합하는 것을 의미하는데, 독은 이 과정에서 변화를 이끄는 필수불가결한 물질이다. 독은 또한 연금술사의 정신세계에서 불순한 요소를 해결하는 도구로 여겨지기도 한다.

그리스 신화의 상처입은 치유자, 키론

: 그리스 신화에서 불멸의 켄타우로스(centaurs)족의 키론(Chiron)은 헤라클레스의 독화살에 중독된다. 자신의 상처를 치료할 수 없다고 판단한 키론은, 영원한 고통에 처한 프로메테우스(Prometheus)의 생명과 자신의 불멸성을 교환하기로 결정한다. 그렇게 함으로써 키론은 타인의 고통을 이해하고 그 고통을 돕는 인물로서 '상처 입은 치유자'의 상징이 된다. 키론의 이야기는 독을 통한 고통의 경험이 개인의 성장과 공감과 연민의 촉매제로도 사용되었음을 보여준다.

문학과 구전 속의 독

아가사 크리스티의 '창백한 말' 표지
Agatha Christie - The Pale Horse
First UK Edition 1961

문학에 등장하는 독

독은 수많은 작품에서 플롯에 영향을 주는 장치 또는 이야기를 반전시키거나 갈등의 트리거를 발생시키는 도구로 다뤄졌다. 독은 은밀하고 치명적이라는 특성 때문에 미스터리, 탐정물, 스릴러 등에 자주 사용되는 요소이다.

문학에서의 독은 독 제조법 보다는 독의 효과와 결과에 더 초점을 맞춘다. 그러나 연금술과 독 연구가 더 일반적인 주제였던 오래된 문헌들에서는 독 제조법이 포함된 문학작품의 예가 발견되기도 한다.

명언이나 구전 등에서는 독이 '해로운 것'을 뜻하는 은유로 사용된다. 감정이나 정서에 해악을 끼치는 것들을 독으로 표현하여, 위험성의 의미를 중첩하여 심오한 은유적 표현이 되기도 한다.

다음은 문학작품에 자주 등장하는 독의 종류이다.

비소(arsenic)

: 극도로 치명적인 독으로, 구토, 설사와 경련을 일으킨다. 비소는 아가사 크리스티의 〈창백한 말(The Pale Horse)〉과 알렉산드르 뒤마의 〈몽테 크리스토 백작(The Count of Monte Cristo)〉 등에 등장한다. 무색무취로 발견이 어렵고 매우 치명적이므로, 작품에서 주로 다뤄지는 독이다.

스트리키닌(strychnine)

: 근육 경련, 호흡기 부전을 일으키고 심한 중독 시 사망을 일으킬 수 있는 독으로, 아가사 크리스티의 〈스타일즈 호텔 비극(The Mysterious Affair at Styles)〉과 아서 코난 도일의 〈얼룩무늬 가는 밴드(The Adventure of the Speckled Band)〉 등에 등장한다.

헴록(hemlock)

: 마비, 호흡부전 및 사망을 일으킬 수 있는 독성 식물로, 고대부터 사용된 역사가 깊은 독이다. 플라톤의 〈페이도스(Phaedo)〉, 윌리엄 셰익스피어의 〈햄릿(Hamlet)〉, 장 아누이의 〈안티고네(Antigone)〉 등에 등장한다.

시안화물

: 빠른 의식상실과 마비를 불러 일으키고, 심하면 사망에 이를 수 있는 극도로 위험한 독이다. 아가사 크리스티의 〈스위티츠 비누〉와 아서 코난 도일의 〈저명한 클라이언트의 모험〉 등에 나온다.

햄릿의 연극 장면, 3막 2장 2절
The Play Scene in Hamlet, Act III, Scene II (1897)
Edwin Austin Abbey (American, 1852 – 1911)

맥베스와 마녀
Macbeth and the Witches (1829–1830)
Joseph Anton Koch (Austrian, 1768–1839)

문학에서 묘사된 독 문구

"Out, damned spot! Out, I say!" - Lady Macbeth in William Shakespeare's Macbeth, Act 5, Scene 1.

"나가, 빌어먹을! 나가, 내가 말하노라!" - 윌리엄 셰익스피어의 〈맥베스〉, 5막 1장 1절에 나오는 맥베스 부인.

남편이 살인을 저지른 후 죄책감으로 손에서 핏자국을 씻어내는 망상 증세를 보이자, 맥베스 부인이 이 대사를 말한다.

"Poison alone failed me." - Alexandre Dumas' The Count of Monte Cristo, Chapter 105.

"독만으로는 나를 실패시켰다." - 알렉상드르 뒤마의 〈몽테크리스토 백작〉, 105장.

페르낭 몬데고가 주인공 에드몽 단테스에게 반역죄를 뒤집어 씌우려던 계획이 발각된 후 자살을 고민하며 내뱉는 대사이다.

"I am the serpent who never died. Come, let's have a cup of tea." - Agatha Christie's character Mrs. Ariadne Oliver in the novel Hallowe'en Party.

"나는 죽지 않는 뱀이다. 이리 와서 차 한잔하자."- 소설 〈할로윈 파티〉에 등장하는 아가사 크리스티의 캐릭터 아리아드네 올리버 부인은, 한때 살인자가 독을 사용해 피해자를 죽이는 소설을 썼다는 사실을 고백한 후 이 대사를 말한다.

"A venomous shrewdness in everything, even in her cruelty." - Emily Bronte's Wuthering Heights, Chapter 11.

"모든 일에 독을 품은 영리함, 심지어 잔인함까지." - 에밀리 브론테의 〈폭풍의 언덕〉, 11장. 캐서린 언쇼라는 인물을 독사의 독에 비유하고, 잔인한 성격을 가진 인물로 묘사한다.

"There is no antidote against the opium of time, which temporally considereth all things; our fathers find their graves in our short memories, and sadly tell us how we may be buried in our survivors." - Sir Thomas Browne, "Religio Medici"
"모든 것을 일시적으로 생각하는 시간의 아편에 대한 해독제는 없다; 우리 아버지들은 우리의 짧은 기억 속에서 그들의 무덤을 발견하고 슬프게도 살아남은 자들에게 어떻게 묻힐 수 있는지 알려준다." - 토마스 브라운 경, 〈종교 메디치〉

"I'll warrant you, 'tis as common as the tale of the poisoned cup." - William Shakespeare, "Hamlet"
"장담하건대, 독이 든 잔의 이야기만큼이나 흔한 이야기입니다." - 윌리엄 셰익스피어, 〈햄릿〉

"It was as if I had fallen into a deep hole and couldn't get out. Except it wasn't a hole, it was a tower, and I was trapped in it with Rapunzel, who was poisoned and couldn't wake up." - Laurie Halse Anderson, "Speak"

"마치 깊은 구덩이에 빠져서 헤어나오지 못하는 것 같았어요. 구멍이 아니라 탑이었고, 저는 독에 중독되어 깨어나지 못하는 라푼젤과 함께 그 안에 갇혀 있었어요." - 로리 할스 앤더슨, 〈스피크〉

"I have drunk / and seen the spider." - T. S. Eliot, "The Waste Land"

"나는 술에 취해 / 거미를 보았다." - T. S. 엘리엇, 〈황무지〉

"I do not want to die in my bed, / But at the edge of the field, / With the stone that broke my heart / At the bottom of the poison cup." - Marina Tsvetaeva, "Poems to Czechoslovakia"

"나는 침대에서 죽고 싶지 않고, / 들판 가장자리에서 / 내 마음을 부러 뜨린 돌과 함께 / 독잔 바닥에서 죽고 싶다." 마리나 츠베타에바, 〈체코슬로바키아에 바치는 시〉

"I am only a small bird, / But I will break your poison goblet / And cut your chains, / And set you free." - Kahlil Gibran, "The Broken Wings"

"나는 작은 새에 불과하지만 / 나는 당신의 독 잔을 깨고 / 당신의 사슬을 끊고 / 당신을 자유롭게 할 것입니다." - 칼릴 지브란, 〈부러진 날개〉

햄릿의 연극 광고(알폰스 무하)
Sarah Bernhardt as Hamlet (1899)
Alphonse Mucha (Czech, 1860-1939)

프랑켄슈타인 연극 광고
Frankenstein (1977)
Jim Thorpe (American, 20th Century)

"I have a poison tongue, and I'm not afraid to use it."
- Sarah J. Maas, Throne of Glass
"내게는 독설이 있고, 그것을 사용하는 것이 두렵지 않다." - 사라 J. 마스, 〈유리의 왕좌〉

"Poison has an agreeable taste." - Mary Shelley, Frankenstein
"독에는 기분 좋은 맛이 있다." - 메리 셸리, 〈프랑켄슈타인〉

"A little poison now and then: that makes for pleasant dreams." - Friedrich Nietzsche, Thus Spoke Zarathustra
"가끔은 약간의 독이 있으면 즐거운 꿈을 꾸게 된다." - 프리드리히 니체, 〈차라투스트라는 이렇게 말했다〉

"I'm not afraid of being swallowed by the abyss. But I am afraid of drowning in poison." - Haruki Murakami, 1Q84
"심연에 삼켜지는 것은 두렵지 않다. 하지만 독에 빠져 익사하는 것은 두렵다." - 무라카미 하루키, 〈1Q84〉

"Oh, love is like a wicked, wicked drug that slowly poisons you, and there's nothing you can do about it." - Diane Setterfield, The Thirteenth Tale
"사랑은 사악하고 사악한 약과 같아서 서서히 사람을 중독시키는데, 당신이 할 수 있는 일은 아무것도 없습니다." - 다이앤 세터필드, 〈열세 번째 이야기〉

프리드리히 니체
Photo of
Nietzsch
by Gustav-Adolf
Schultze, 1882

"The poison of skepticism becomes, like alcoholism, tuberculosis, and some other diseases, much stronger in a hitherto unsusceptible organism with the progress of time." - Friedrich Nietzsche, Human, All Too Human

"회의론의 독은 알코올 중독, 결핵 및 기타 질병과 마찬가지로, 시간이 지남에 따라 감수성이 없는 유기체에서 훨씬 더 강해진다." - 프리드리히 니체, 〈인간, 너무도 인간적인 존재〉

"If you can poison a man, you can kill him; if you can't, you can't." - George R.R. Martin, A Storm of Swords

"사람을 독살할 수 있다면 죽일 수 있고, 독살할 수 없다면 죽일 수 없다." - 조지 R.R. 마틴, 〈폭풍의 칼날〉

프리드리히 니체의 서명
Friedrich Nietzsche's signature

"There are times when truth becomes so difficult to discern that a man must take his own life in his hands. One such time is when the poison is slow-acting." - Agatha Christie, The Mysterious Affair at Styles

"진실을 분별하기가 너무 어려워져서 스스로 목숨을 끊어야 할 때가 있다. 그런 때는 독이 천천히 작용할 때이다." - 아가사 크리스티, 〈스타일스에서의 미스터리한 사건〉

"Poison your mind with doubt, and your soul will die." - Nikki Sixx, The Heroin Diaries: A Year in the Life of a Shattered Rock Star

"의심으로 마음을 독살하면 영혼은 죽는다." - 니키 식스, 〈헤로인 다이어리: 산산조각 난 록스타의 일 년〉

메르쿠티오의 죽음 - 3막 1장
The Death of Mercutio - Act III, Scene I,
Romeo and Juliet (1902)

"Hate is like a poison that slowly kills you from the inside out. It eats away at your soul and makes it difficult for you to love anyone, including yourself." - C.J. Roberts, Seduced in the Dark
"증오는 내면에서부터 서서히 사람을 죽이는 독과 같다. 그것은 당신의 영혼을 갉아먹고 자신을 포함한 그 누구도 사랑하기 어렵게 만든다."
- C.J. 〈로버츠, 어둠 속의 유혹〉

"To the traitor, death, and to the lover, poison." - William Shakespeare, Romeo and Juliet
"반역자에게는 죽음을, 연인에게는 독을." - 윌리엄 셰익스피어, 〈로미오와 줄리엣〉

독이 언급된 명언과 속담

"Life is a poison and death is its cure." - Arabian proverb

"삶은 독이고 죽음은 치료법이다." - 아라비아 속담

"The poison of hatred spreads to those who are near." - Mahatma Gandhi

"증오의 독은 가까이 있는 사람에게 퍼진다." - 마하트마 간디

"I had hoped to poison him, but he drank some of mine instead." - Emily Dickinson

"독을 먹이려고 했는데 대신 제 술을 마셨어요." - 에밀리 디킨슨

"A spoonful of poison is enough to ruin the whole pot of soup." - Indian Proverb

"한 숟가락의 독은 수프 한 냄비 전체를 망칠 수 있다." - 인도 속담

"Poison and medicine are often the same substance given with different intent." - Peter Mere Latham
"독극물과 약은 다른 의도로 투여되는 동일한 물질이다." - 피터 미어 래텀

"The poison of suspicion destroys friendship faster than any other." - Publilius Syrus
"의심의 독은 그 어떤 것보다 빠르게 우정을 파괴한다." - 퍼블리리우스 시루스

"He who pours poison for others will soon find it seeping through his own veins." - Sri Guru Granth Sahib
"남을 위해 독을 붓는 사람은 곧 자신의 정맥을 통해 독이 스미드는 것을 알게 될 것이다." - 스리 구루 그란트 사히브

"Holding onto anger is like drinking poison and expecting the other person to die." - Buddha
"분노를 참는 것은 독을 마신 상대방이 죽기를 바라는 것과 같다." - 붓다

"An enemy's poison is slow, but its effects are long-lasting." - Indian Proverb
"적의 독은 느리지만 그 효과는 오래 지속된다." - 인디언 속담

"The deadliest poison is often hidden behind the sweetest smile." - Unknown
"가장 치명적인 독은 종종 가장 달콤한 미소 뒤에 숨어 있다." - 알 수 없음

"Like a drop of poison, a little lie can spread through the whole fabric of life." - Jean Paul
"독약 한 방울처럼 작은 거짓말이 삶 전체에 퍼질 수 있다." - 장 폴

"A person who carries hatred in their heart carries a vial of poison." - Chinese Proverb
"증오를 가슴에 품고 다니는 사람은 독을 품고 다닌다." - 중국 속담

"The poison of revenge is often more harmful to oneself than to the target." - Unknown
"복수의 독은 상대보다 자신에게 더 해로운 경우가 많다." - 알 수 없음

"The venom of a poisonous snake can kill a body, but the venom of a bitter tongue can kill a soul." - Unknown
"독사의 독은 육체를 죽일 수 있지만 쓴 혀의 독은 영혼을 죽일 수 있다." - 알 수 없음

"Poisonous thoughts can corrode the mind like acid." - Unknown
"독과 같은 생각은 산처럼 마음을 부식시킬 수 있다." - 알 수 없음

"The taste of poison is sweet to those who harbor hatred." - Unknown
"증오를 품은 자에게 독의 맛은 달콤하다." - 알 수 없음

"A poison-tipped arrow can strike from a hidden bow." - Indian Proverb
"숨겨진 활에서 독화살이 날아올 수 있다." - 인도 속담

"Like a venomous serpent, anger strikes without warning." - Unknown
"분노는 독사처럼 예고 없이 찾아온다." - 알 수 없음

271

죽음과 결정화(뭉크)
Death and Crystallization (1909)
Edvard Munch

"Poison is the weapon of the weak, while patience is the armor of the strong." - Imad Al-Deen Ismail Ibn Kathir
"독은 약자의 무기이고 인내는 강자의 갑옷이다." - 이마드 알-딘 이스마일 이븐 카티르

"In the cup of flattery, lies the potion of poison." - Unknown
"아첨의 잔에는 독약이 들어 있다." - 알 수 없음

"A tongue that speaks poison knows no taste of honey." - Unknown
"독을 말하는 혀는 꿀맛을 모른다." - 알 수 없음

"Trust not the offer of a gift from an unknown hand, for it may conceal a hidden venom." - Aesop
"알 수 없는 손이 주는 선물에는 숨겨진 독이 숨겨져 있을 수 있으니 믿지 말라." - 이솝

"A poisoned arrow fired at an innocent heart leaves a scar that never heals." - Unknown
"무고한 심장을 향해 발사된 독화살은 결코 아물지 않는 상처를 남긴다." - 알 수 없음

"Hatred is the venom that weakens the soul and darkens the mind." - Unknown
"증오는 영혼을 약화시키고 마음을 어둡게 하는 독이다." - 알 수 없음

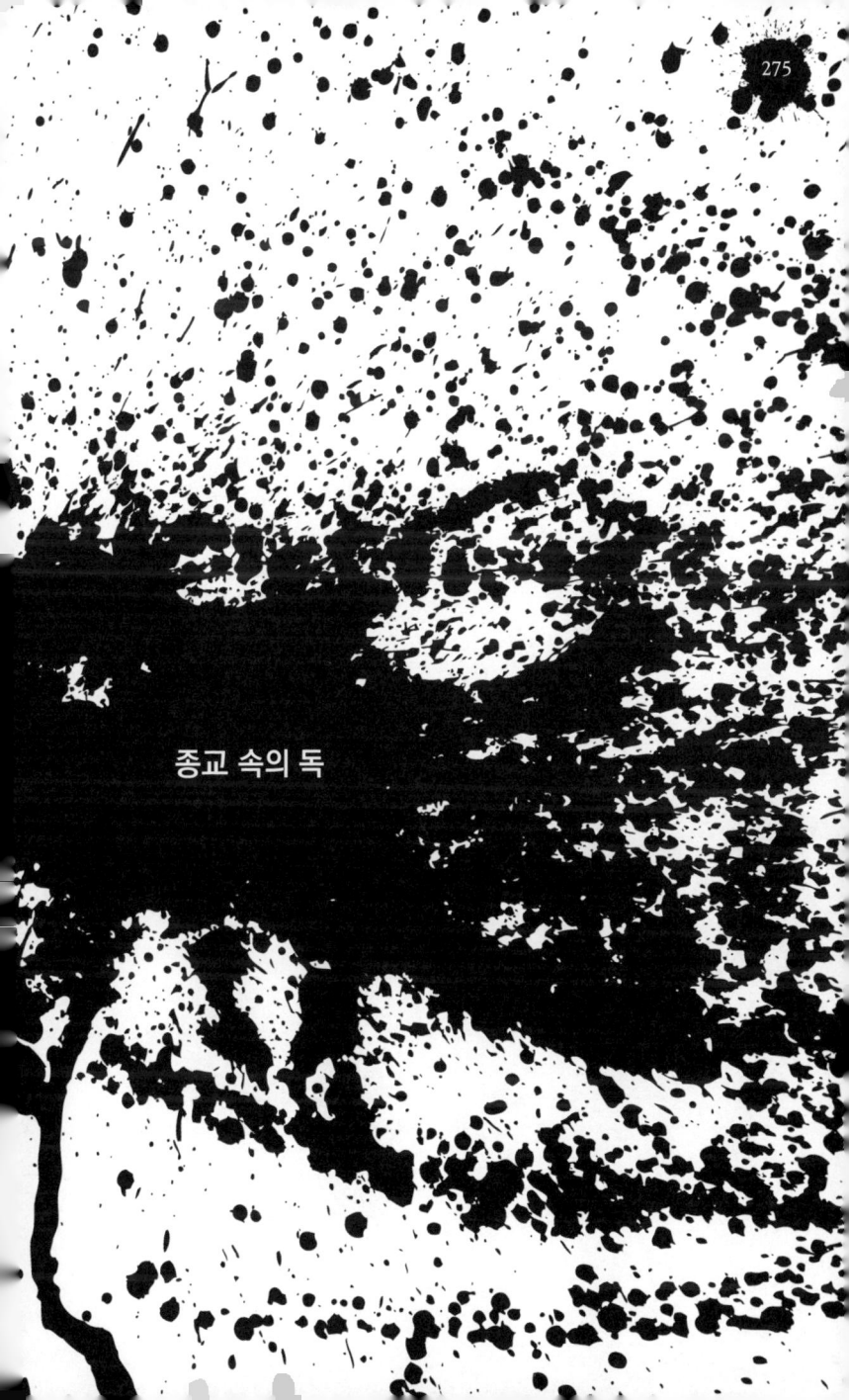

종교 속의 독

기독교와 독

　　기독교 성서인 〈성경〉에도 독과 관련된 이야기가 담겨 있다. 악마가 예수께 독이 든 음식을 주려고 시도한 이야기와 같은 에피소드가 그것이다.

　　그러나 성경에서의 독은 '나쁜 것'에 대한 은유적인 표현으로 더 자주 사용된다. 이러한 표현은 실제의 독 보다는 독의 상징적인 의미에 더 초점을 맞추고 있다. 독은 인간의 죄와 나쁜 행동, 거짓말 등의 부정적인 측면을 의미하며, '바른 것'을 해하는 위협을 은유적으로 설명하는 데에 사용된다. 성경은 다른 경전과 비슷하게, 독이 없는 순결하고 건전한 마음과 생활을 추구하도록 독려하는 메시지를 전달하려고 한다.

기독교 성경에서 언급된 독

"뱀을 집어올리며 무슨 독을 마실지라도 해를 받지 아니하며 병든 사람에게 손을 얹은즉 나으리라 하시더라."
- 마가복음 16장 18절

"내가 너희에게 뱀과 전갈을 밟으며 원수의 모든 능력을 제어할 권능을 주었으니 너희를 해칠 자가 결코 없으리라."
- 누가복음 10장 19절

"보라 내가 너희를 보냄이 양을 이리 가운데로 보냄과 같도다 그러므로 너희는 뱀 같이 지혜롭고 비둘기 같이 순결하라."
- 마태복음 10장 16절

"그들의 독은 뱀의 독 같으며 그들은 귀를 막은 귀머거리 독사 같으니 술사의 홀리는 소리도 듣지 않고 능숙한 술객의 요술도 따르지 아니하는 독사로다."

- 시편 58장 4-5절

"그들의 목구멍은 열린 무덤이요 그 혀로는 속임을 일삼으며 그 입술에는 독사의 독이 있고"

- 로마서 3장 13절

"혀는 능히 길들일 사람이 없나니 쉬지 아니하는 악이요 죽이는 독이 가득한 것이라."

- 야고보서 3장 8절

"또 전갈과 같은 꼬리와 쏘는 살이 있어 그 꼬리에는 다섯 달 동안 사람들을 해하는 권세가 있더라"

- 요한계시록 9장 10절

"믿는 사람들에게는 이런 기적들이 따를 것이다. 그들이 내 이름으로 귀신을 쫓아내고 배우지 않은 새로운 말을 하고 뱀을 만지거나 어떤 독을 마셔도 해를 입지 않으며 병든 사람에게 손을 얹으면 나을 것이다."

- 마가복음 16장 17-18절

불교와 독

불교에서 독은 고통을 유발하고 영적 성장을 방해하는 정신 상태나 태도를 의미한다. 독은 인간 고통(번뇌)의 근본 원인이며, 깨달음이나 해탈(열반)을 방해하는 것으로 비유된다. 불교의 세 가지 독, 즉 세 가지 해로운 근원은 '탐욕', '증오', '무지'이다. 독으로 표현되는 이 세 가지 고통은 인간 고통의 주요 원인으로, 불교 수행의 목표는 이를 인식하고 극복하는 것이다.

부처는 자기 인식, 마음 챙김, 건전한 정신(관대함, 자비심, 지혜 등)의 수양을 통해 점차 정신과 마음의 독을 줄이고 결국에는 뿌리 뽑아야 한다고 가르친다.

불교에서 말하는 독을 극복하는 과정은 불교의 근본 가르침인 사성제와 팔정도(八正道)이다. 불자들은 부처의 가르침에 따라 고통의 본질을 이해하고, 독을 없애는 수행을 해야 한다. 수행을 통해 독을 제거하고 나면 수행자는 고통에서 해방되고 깨달음(열반)을 실현할 수 있다.

불교 경전에서 언급된 독

"세 가지 독"(탐욕, 증오, 무지) - 법구경(法句經, Dhammapada), 증지부(增支部, Anguttara Nikaya), 중부(中部, Majjhima Nikaya) 등 다양한 불교 경전

"집착하지 않음으로써 집착의 독을 극복하기" - 중부(中部, Majjhima Nikaya), 삼부(三部, Samyutta Nikaya)

"통찰을 통해 망상의 독을 인식하는 것" - 법구경(法句經, Dhammapada), 증지부(增支部, Anguttara Nikaya)

"증오의 독에 대한 해독제는 사랑의 마음을 기르는 것이다." - 메타 경전(니파타 경전 1.8, Metta Sutta (Sutta Nipata 1.8)

"욕망의 독은 비워내는 수행으로 정화될 수 있다" - 삼부(三部, Samyutta Nikaya)

"마음의 독은 마음챙김이 해독제" - 사띠팟타나 경전(중부((Majjhima Nikaya 10장, 염처경(念處經, Satipatthana Sutta) 등

"고귀한 진리에 대한 통찰을 통하면 무지의 독이 사라진다" - 담마까까빠빠바따나 경전(삼윳따 니까야 56.11, Dhammacakkappavattana Sutta (Samyutta Nikaya 56.11))

"폭력의 독에 대한 해독제로서의 무해(아힘사(ahimsa))" - 증지부(增支部, Anguttara Nikaya) 등

"속임수의 독은 진실로 상쇄된다." - 법구경(法句經, Dhammapada) 등

"겸손은 오만한 독의 해독제이다." - 법구경(法句經, Dhammapada) 등

"비자아(아나타(anatta))에 대한 통찰을 통해 자아에 대한 집착의 독을 인식하는 것이 중요하다." - 아나탈락까나 경전(삼윳따 니까야 22.59, Anattalakkhana Sutta (Samyutta Nikaya 22.59))

"마음을 수행하여 독한 괴로움으로부터 마음을 정화하라" - 사띠팟타나 경전(Satipatthana Sutta) 등

"인색함의 독을 중화시키는 비약은 관대함이다." - 증지부(增支部, Anguttara Nikaya) 등

"불안의 독을 극복하기 위하여 인내의 해독제를 길러야 한다." - 법구경(法句經, Dhammapada) 등

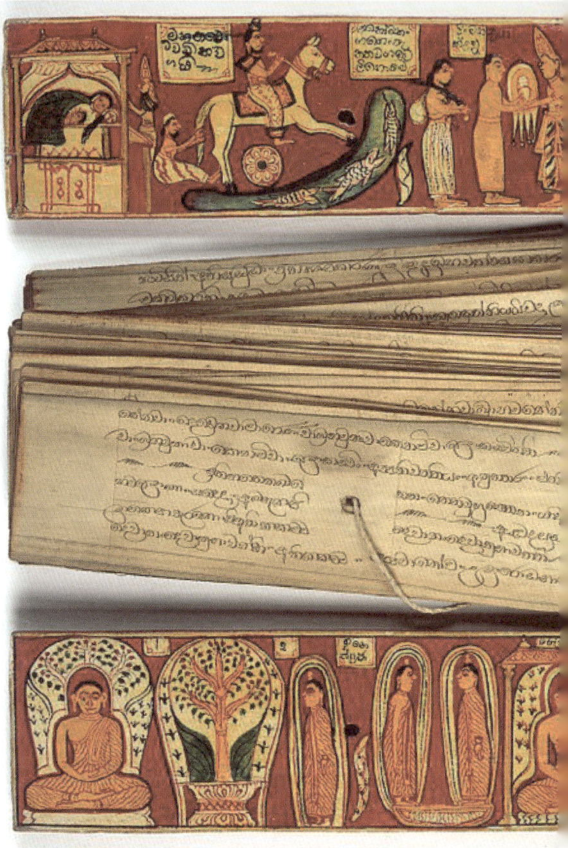

신할리어 일러스트 표지
Illustrated Sinhalese covers (inside), and palm leaf pages, showing the events between the Bodhisattva's renunciation and the request by Brahma Sahampati

"가르침에 대한 믿음을 키우면 의심이 사라진다" - 칼라마 경전(증지부(增支部), 3.65, Kalama Sutta (Anguttara Nikaya 3.65))

"혐오의 독은 마음을 흐리게 하고 지각을 왜곡한다" - 증지부(增支部, Anguttara Nikaya) 등

"의심의 독에 대한 해독제는 삼보에 대한 흔들리지 않는 확신을 기르는 것이다." - 칼라마 경(증지부(增支部), 3.65)

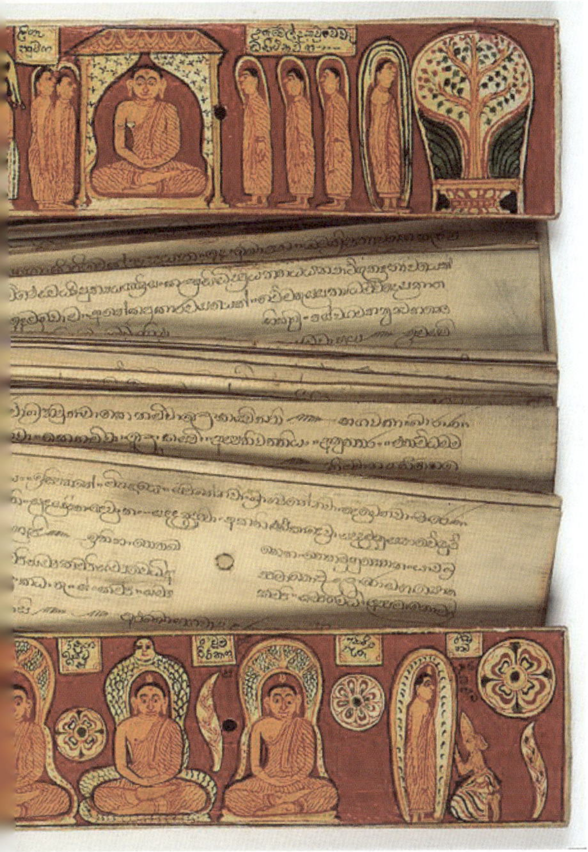

"지혜는 무지의 독에 대항하는 해독제이다." - 중부(中部, Majjhima Nikaya) 등

"마음챙김은 마음의 미묘한 독을 감지하는 열쇠 역할을 한다." - 염처경(念處經, Satipatthana Sutta) 등

"집착의 독은 우리를 고통의 순환에 묶어 놓는다" - 법구경(法句經, Dhammapada) 등

"증오의 독을 극복하려면 모든 존재에 대해 선의를 길러야 한다." - 메타 경전(Metta Sutta) 등

"자만의 독을 극복하기 위해 겸손의 해독제를 길러라." - 법구경(法句經, Dhammapada) 등

"갈망의 독은 세속적 쾌락에 대한 끝없는 갈증으로 이어진다." - 삼부(三部, Samyutta Nikaya) 등

"혐오의 독은 불처럼 타오르니 평온의 해독제로 식혀라." - 증지부(增支部, Anguttara Nikaya) 등

로터스 수트라 두루마리
Lotus Sūtra scroll,
"Universal Gateway,"
Chapter 25 of the
Lotus Sutra

"게으름의 독에 대한 해독제는 근면과 노력이다." - 증지부(增支部, Anguttara Nikaya) 등

"교만에 중독된 마음은 진리를 분별할 수 없다" - 법구경(法句經, Dhammapada) 등

"불만의 독에 대항하기 위해서는 만족의 해독제를 개발해야한다." - 증지부(增支部, Anguttara Nikaya) 등

독 할라할라를 마셔 몸이 파랗게 변하여
'닐라칸타(Neelakantha, 목이 푸른 신)'이라는
이름을 얻게 된 시바신의 세밀화.

힌두교와 독

힌두교에서 독은 문자 그대로의 의미와 은유적 의미를 모두 담고 있다. 독은 인간 경험, 영적 여정, 우주의 힘의 다양한 측면에 등장하여 다양한 상징과 은유로 나타난다.

힌두교의 에피소드에는 실제의 독이 묘사되는 경우가 있다. 푸라나스(Puranas)에 나오는 '우유 바다 휘젓기(사무드라 만탄(Samudra Manthan)' 이야기에는, 우유 바다에서 치명적인 독인 '할라할라(Halahala)'가 생성되었고, 우주를 보호하기 위해 시바신이 이 독을 자발적으로 마시는 장면이 묘사된다. 독을 마신 시바 신은 그 결과 목이 파랗게 변해 '닐라칸타(Neelakantha, 목이 푸른 신)'라는 이름을 얻게 되었다.

힌두교에서 독은 다른 경전에서와 마찬가지로, 인간의 정신과 마음에 있는 부정적인 특성, 파괴적인 성향, 불순물을 상징하기도 한다. 힌두교에서 독은 고통과 영적 침체로 이어질 수 있는 증오, 탐욕, 질투, 무지와 같은 부정적인 감정을 나타낸다.

힌두교에서는 자아 (自我, Ahankara)도 일종의 독으로 간주한다. 자아는 집착과 욕망, 분리된 자아에 대한 환상의 근원으로, 타고난 신성과 우주와의 상호 연결성을 깨닫지 못하게 하는 존재이다.

원인과 결과의 법칙인 카르마(karma)도 독과 관련이 있다. 나쁜 카르마가 축적되면 인간은 고통의 윤회(Samsara)와 재탄생의 순환에 묶여 영속적인 거듭남을 반복하게 된다.

자신의 본성에 대한 무지(Avidya)는 개인이 자아실현과 해탈(moksha)을 이루는 것을 방해하는 독이다. 세속적인 쾌락과 경험에 대한 애착(Raga), 혐오(Dvesha) 또한 정서적 혼란을 야기하고 영적 성장과 자기 발견을 방해하기 때문에 독으로 간주된다.

293

힌두교 경전에서 언급된 독

"무지는 마음의 독이다. 지식과 깨달음으로써 독을 제거할 수 있다."
- 바가바드 기타(Bhagavad Gita)

"탐욕은 마음의 독이다. 탐욕을 버리고 자비와 관용을 실천하자."
- 마하바라타(Mahabharata)

"사랑과 이해로 마음으로 정화하면 독은 사라진다."
- 산스크리트 문헌

"악한 생각과 행동은 마음에 독을 심는 것이다."
- 마하바라타(Mahabharata)

"사람들은 무지와 욕망의 독으로 인해 고통을 겪는다."
- 우파니샤드(Upanishad)

"마음을 순수하게 유지함으로써 독을 제거하면 인간은 해방을 얻을 수 있다."
- 바가바드 기타(Bhagavad Gita)

"인간은 자신의 행동으로 독을 만들어낸다. 올바른 행동을 통해 독을 제거해야 한다."
- 마하바라타(Mahabharata)

"자아실현을 통해 독과 관련된 욕망과 탐욕을 극복할 수 있다."
- 우파니샤드(Upanishad)

마하바라타의 슬로카를 암송하는 사우티
Sauti recites the slokas of the Mahabharata.

راویان حال هندوستان چنین گفته اند که خود جنج فرشتۀ کتاب کهتم از بلوم که قدیم کبیری بوده و هر یکی از این کتب را سوا و کتاب سوت و رک پر چار برهن اوه
دین پسر علوم هندی را که از زبان هندی به پارسی گویا کنند جهت حاجت خرد مند که آن را کهتم کردن زمان کبیری بوده و غایت علم و دانا بوده و به مرتبۀ
دوازده پادشاه کنوان یکجا به سرای برگ سران طلاعی آمد و در مجلس او کرسی که در آن مجلس مرد چنین شنیدند که آواز برگ سرپس لواعد و لواه
و برگ کلی را که در آن مجلس موجود و باعث و پشتار بزرگ ستون که تاج سرپاسا و در نظم آن پنجال شدند و در منقلم او برکها و وضل به پزید شد و سرور نمودن و

"마음을 통해 생각하고 행동하면 독은 사라진다. 자기통제와 명상을 통해 마음을 정화하자."

- 우파니샤드(Upanishad)

"삶의 독은 이성과 의식을 통해 극복되어야 한다."

- 마하바라타(Mahabharata)

"인간은 자신의 욕망과 무지로 인해 독을 품는다. 이로 인해 고통을 겪지만, 지혜와 깨달음으로써 독을 제거할 수 있다."

- 바가바드 기타(Bhagavad Gita)

"마음의 독은 무지와 고집에 의해 만들어진다. 이로 인해 인간은 괴로움을 겪지만, 깨달음을 통해 독을 제거할 수 있다."

- 마하바라타(Mahabharata)

"자기통제와 극복을 통해 마음의 독을 제거하자, 그리고 지혜로운 행동을 실천하자."

- 우파니샤드(Upanishad)

"도덕적인 가치와 지혜로써 마음의 독을 제거하자. 그리고 모든 존재를 사랑하고 돌보자."

- 마하바라타(Mahabharata)

"인간은 자신의 마음을 통해 독을 창조한다. 그러나 자기통제와 깨달음을 통해 독을 제거할 수 있다."

- 우파니샤드(Upanishad)

쿠룩셰트라 Kurukshetra

"마음의 독은 무지와 잘못된 생각으로부터 비롯된다. 지혜와 깨달음으로써 독을 제거하고 해방을 얻을 수 있다."
- 바가바드 기타(Bhagavad Gita)

"탐욕과 자아실현은 마음의 독을 유발한다. 자기통제와 이해로 독을 제거하자."
- 마하바라타(Mahabharata)

"마음의 독은 우리의 잘못된 행동과 생각으로부터 비롯된다. 올바른 행동과 순수한 마음으로 독을 제거하자."
- 마하바라타(Mahabharata)

298

무슬림 최대의 성지순례지,
사우디 아라비아 메카의 카바 신전

이슬람과 독

　　　　이슬람 최고의 경전 꾸란(Quran)에서는 독이 직접적으로 등장하지는 않는다. 하지만 다른 종교와 비슷하게 잘못된 행동을 지칭하는 은유적인 표현으로 암시되는 구절이 몇몇 있다. 독은 선지자 무함마드(Prophet Muhammad)의 언행록을 기록한 하디스(Hadith)에는 다양한 모습으로 등장한다. 독이 문자 그대로 독으로 쓰인 에피소드부터, 인간의 악한 부분을 지칭하는 은유적인 표현으로까지 광범위하게 등장한다.

　　　　꾸란에 언급된 독과 관련된 사건 중 하나는 카이바르(Khaybar) 전투에서 가족을 잃은 자이나브 빈트 알 하리스(Zainab bint al-Harith)라는 유대인 여성이 선지자 무함마드에게 양고기를 바쳐 독살하려고 시도한 사건이다. 무함마드는 양고기를 한 입 먹었으나, 삼키기 전에 신의 계시를 통해 '부정한 것'이라는 경고를 받아 뱉어냈다고 한다. 이 내용은 '사히 알 부카리(Sahih al-Bukhari)'와 '사히 무슬림(Sahih Muslim)' 등의 하디스(Hadith, 선지자 무함마드의 언행록)에 기록되어 있다.

　　　　이슬람에서 독은 다른 종교와 마찬가지로 개인의 신앙, 인격 및 공동체에 부정적인 영향을 미치는 해로운 행동, 의도 및 영향을 은유적으로 표현된다. 독은 죄, 잘못된 신념과 이념, 해로운 말, 부패한 의도 등으로 표현되기도 한다.

이슬람 꾸란에 묘사된 독 문구

"나는 '아이샤'에게 독침에 대한 치료법으로 루키아(Ruqya, 이슬람교에서 꾸란의 특정 구절을 암송하여 영적, 육체적 질병으로부터 보호와 치유를 구하는 주문 행위)에 대해 물었다. 아이샤는 선지자 무함마드가 '루키아로 중독을 치료하는 것을 허용했다'고 대답했다." - Sahih al-Bukhari 5741

"파리의 날개 중 하나에는 독이 있고 다른 날개에는 치료제가 있다. 파리가 음식에 떨어지면 독이 든 날개를 먼저 빼고 나머지 치료제가 있는 날개를 담궈라." - Sunan Ibn Majah 3504

"독을 마시고 자살하는 사람은 지옥의 불 속에서도 그 독을 영원히 홀짝거리게 될 것이다." - Sunan Ibn Majah 3460

"예언자는 '누군가가 매일 아침 '아즈와(ajwa) 대추야자'를 먹으면 그날 밤엔 독이나 마법의 영향을 받지 않을 것이다."라고 말했다." - Sahih al-Bukhari 5768

"선지가 무함마드께서 말씀하셨다. '비옥한 땅을 여행할 때는 낙타에게 풀(먹이)을 충분히 먹이고, 가뭄이 들 때는 낙타가 지치지 않도록 서두를 것이며, 밤에 야영할 때는 길에서 멀리 떨어져 있으라. 길은 낮에는 짐승의 길이지만, 밤에는 독충의 길이기 때문이다." - Jami` at-Tirmidhi 2858

"선지자 무함마드께서는 알 하산(Al-Hasan)과 알 후세인(Al-Husain)을 위한 피난처를 찾을 때 알라께 '당신의 조상(아브라함)은 이스마엘과 이삭을 위해 알라께서 허락하신 피난처를 찾아내었습니다. 오, 알라시여! 나는 악과 악마와 독이 있는 해충과, 해로움과, 시기하는 시선으로부터 피할 수 있는 완벽한 피난처를 찾고 있습니다.'라는 기도를 구했다." - Sahih al-Bukhari 3371

"선지자 무함마드께서는 '알라께서 재물을 주셨지만, 자카트(Zakat)를 희사하지 않는 사람은, 심판에 날에 그의 재물이 두 개의 독샘을 가진 독사의 모습으로 나타나, 목을 조이고 뺨을 물며 '나는 너의 재물이다, 나는 너의 보물이다'라고 말할 것이다.'라고 언급하셨다. 그런 다음 무함마드께서는 '알라께서 주신 은혜를 탐내지 말라'는 꾸란의 신성한 구절을 낭송하셨다". - Sahih al-Bukhari 4565

"아부 말릭 알 아슈아리(Abu Malik al-Ash'ari)는 선지자께서 '하나님을 믿는 사람은, 길을 가다가 죽거나, 살해당하거나, 말이나 낙타에 던져져 목이 부러지거나, 독사에 쏘이거나, 침대에서 죽음을 맞이하거나, 어떤 종류의 죽음을 맞이하더라도 순교자기 때문에 천국에 갈 것이다'라고 말씀하셨다고 말했다." - Mishkat al-Masabih 3840

다양한 분야에서
해석되는
독 이야기

메소아메리카에서 샤먼들이 환각제로 사용하는 코카잎

독의 문화인류학적 설명

문화인류학에서는 독의 상징적, 의식적, 사회적 의미를 이해하기 위해 다양한 문화적 맥락에서 독을 연구한다. 독은 문자 그대로의 정의를 넘어 문화적인 틀 안에서 변형적인 의미로 사용된다. 독이 '해로운 물질'의 의미 그대로 사용되지만, 특수한 관행이나 신념을 해치는 것들을 의미하기도 한다.

상징적 의미

: 많은 문화권에서 독은 불결함, 위험, 부정의 의미를 지닌다. 독을 사용하는 것은 악의적인 행동으로 여겨져, 사회적 조화를 방해하거나 문화적 규범을 위협할 수 있는 해로운 요소를 은유하는 데 사용된다.

의식, 의례, 샤머니즘

: 독성물질은 의식(ritual), 의례(Ceremony), 샤머니즘(Shamanism)에 사용되는 사례가 많다. 통과의례, 치유 의식 또는 영적인 여정에서 독성이 있는 식물, 버섯 독소, 다양한 환각 물질을 사용한 흔적은 상당수 존재한다. 독은 환각이나 망아(忘我) 상태 또는 황홀 상태로 들어서게 하는 매개체이며, 주술사나 샤먼들은 중독을 통하여 현실을 초월한 다른 세계로 진입하게 된다.

금기 및 사회적 규범

: 많은 문화권에서 독과 연관된 동·식물은 실질적으로 위험하거나 영적으로 해롭다고 여기고, 엄격한 사회적 금기 사항을 붙여놓는다. 독이 있는 특정 동물, 식물 또는 음식은 해로운 영혼이나 부정적인 에너지와 연관되어 있는 것으로 간주하며, 격리·숭배·전이 등의 특별한 지위를 부여받기도 한다.

주술 및 마법

: 독은 특별한 능력을 가진 주술사나 지도자에 의해 사용된다. 이 위치에서 독을 시행하는 사람은 계급 불균형에 기인한 권력 남용으로인하여 '마녀사냥'과 같이 사회적인 배척이나 집단 폭력으로 이어지기도 한다.

위험에 대한 문화적 인식

: 한 문화의 환경에 유독한 식물, 동물 또는 독성 물질이 존재하면 위험에 대한 집단 인식이 형성되고 지식의 전수를 통하여 축적된다. 이 경험들은 생존 및 적응과 관련된 행동과 규범의 틀을 형성한다.

은유와 사회적 통제

: 독은 문화 내에서 해로운 영향력을 설명하기 위해 은유적으로 사용된다. 독은 적대적인 의사를 표현하거나 사회적 규범을 강제하는 은유로 작용하기도 한다.

민족 식물학 및 전통 의학

: 문화인류학자들은 전통 의학에서 독성 식물을 사용하는 문화적 현상을 연구한다. 어떤 문화권에서는 독성물질을 의학적 목적이나 사냥에 사용하기 위하여 특별한 지식과 방법론 구축하는데, 이 행위는 인간 행위에 대한 분석 도구로 사용되기도 한다.

순수성에 대한 위반

: 독과 관련된 특정 음식이나 음료는 식이 제한 습관, 종교법, 순결이나 청결과 연관된 문화적 규범을 위반하는 것으로 분류된다. 이 기제는 더욱 확장되어 독성은 없지만 독으로 분류되어 독특한 금기를 만들어내기도 한다.

　　　　독은 인류의 문화적 관습과 신념 체계에서 중요한 역할을 해왔다. 같은 독이라도 할지라도 어떤 문화권에서는 독이 사냥과 전쟁의 도구로 사용되지만, 다른 문화권에서는 의학적 목적이나 처벌의 수단이 더 강조되기도 한다. 신념 체계에서도 마찬가지로 '해롭다'는 의미의 표현이 다르게 쓰일 수 있다.

　　　　독은 자연계를 통제하고 타인에게 나쁜 영향을 미치는 위험한 도구이기 때문에, 독을 사용하는 행위는 초자연적인 존재나 정령에 대한 믿음과도 연관된다. 많은 문화권에서 특정 동물과 식물에는 강력한 독과 함께 마법적 속성도 깃들어 있다고 믿는다.

　　　　독을 사용하는 것은 특권 또는 영적인 신념과도 연관되어 있다. 의례나 의식에서 독은 환각을 불러일으켜 영적인 세계와 소통하기 위한 수단으로 사용된다. 의례 주관자는 특별한 지위를 부여받아 독(환각)성 물질을 사용할 수 있는 특권이 부여된다. 치사량에 미치는 독은 아니지만, 죽음을 불러올 수도 있는 독성물질이 사용되었다는 기록은 여러 문화권에서 찾아볼 수 있다. 이 현상은 현재까지도 남아있다. 실제로 남미나 말라카 제도의 샤먼 또는 주술사들은 아직도 환각을 불러일으키는 식물성 독성물질을 먹거나 연기로 흡입하여 황홀 상태에서 신탁을 받는다.
　　　　이 과정은, 죽음을 불러올 수도 있는 위험한 물질을 섭취함으로써, 가상의 죽음으로 들어가는 것을 의미하기도 한다. 현실을 초월한 영적 세계에서는 죽은 존재들과 소통하거나 신과 조우하여 신탁을 받는 것이 가능하다. 독은 죽은 자들 또는 신과의 소통을 이어주는 매개체가 되고, 다시 일상으로 돌아오게 하는 촉매제로도 작용한다.

신탁
The Oracle (1880)
Camillo Miola (Italian, 1840 – 1919)

312

독의 사용은 정화 및 변화의 개념과도 연관된다. 독은 의식을 변형시키거나 영적 깨달음을 촉진하기 위한 수단이다. 이러한 맥락에서 독은 변화, 쇄신, 변혁을 추출하는 상징으로 여겨지기도 한다.

독의 문화적 현상은 사회와 시대에 따라 매우 다양하다. 이 때문에 문화인류학자들은 인류의 여러 문화적 장면들을 연구하여 독이 사용되어 온 인류의 사회의 신념과 가치에 관한 연구를 진행하고 있다.

죽음과 의사
Death and a Doctor by a Tombstone (1883–1888)
James Ensor

독살의 심리학적 시각

독살은 인간의 복잡한 심리적 요인과 관련이 있다. 독을 사용하여 다른 사람을 살해하는 행위는 독의 치명적이고 은밀한 속성과 결부하여, 비인간적이고 반사회적인 행동으로 여겨진다. 근대까지도 독은 공공연한 암살 도구였으나, 현재는 독살에 대한 윤리 의식이 정립되고 금지 규범이 만들어져 엄연한 범죄로 규정하고 있다.

독살의 심리학적 시각은 다양한 측면에서 설명될 수 있다. 독을 사용하여 다른 사람을 살해하는 사람들은 권력의 남용, 타인의 제어, 복수 등의 동기가 있는데, 이것은 개인의 내면적인 충동이나 욕망에 뿌리를 둔 것이다. 인간은 정신적인 불안이나 갈등을 해소하거나 통제하는 수단으로 은밀하게 악행을 저지를 수 있는 독을 선택하게 된다.

독살은 자아 증명, 힘의 표현, 사회적 영향력 확보 등과 같은 복잡한 동기와도 관련이 있다. 독살자는 자아에 대한 허상이나 허영, 사회적 지위의 향상, 권력의 획득 등을 추구하기 위해서 독을 사용한다.

독살은 복잡한 정서적 요인과 관련이 있을 수 있다. 분노, 증오, 질투, 절망 등의 강한 정서 상태가 독을 사용하게 한다. 이 감정들은 타인을 해치는 데 작동하기도 하지만, 스스로를 죽이기도 한다.

죽음과 삶(클림트)
Death and Life (1910-15)_Gustav Klimt

엘릭서 비테
Dell'elixir vitæ By Donato d'Eremita
In Napoli, Per Secondino Roncagliolo, 1624

연금술에서 다루는 독

연금술에서 독은 중요하게 다뤄지던 물질이다. 연금술사들은 비금속을 귀금속으로 변환하기 위해서는 위험한 특정 물질을 사용해야 한다고 믿었다. 연금술사들은 '독'이라는 용어를 독의 속성 그대로를 지칭하는 의미에서부터, 다양한 혼합물을 포함한 광범위한 물질의 지칭으로 확장하였다. 연금술에서 독의 정확한 정의는 학파나 연금술사에 따라 다양한 견해를 가지고 있었기 때문에 하나의 통일된 개념으로 정의하기 어렵다.

그러나 연금술사들은 독이 물질의 기본 구성 요소 중 하나이며, 이 고유한 성질은 변하지 않는다는 데에는 의견을 함께한다. 독은 연금술의 궁극적인 목표를 달성하기 위해 정제 및 변형 과정에서 나타나는 필수적인 물질이며, 변형 과정에서 촉매제로 작용하기도 한다.

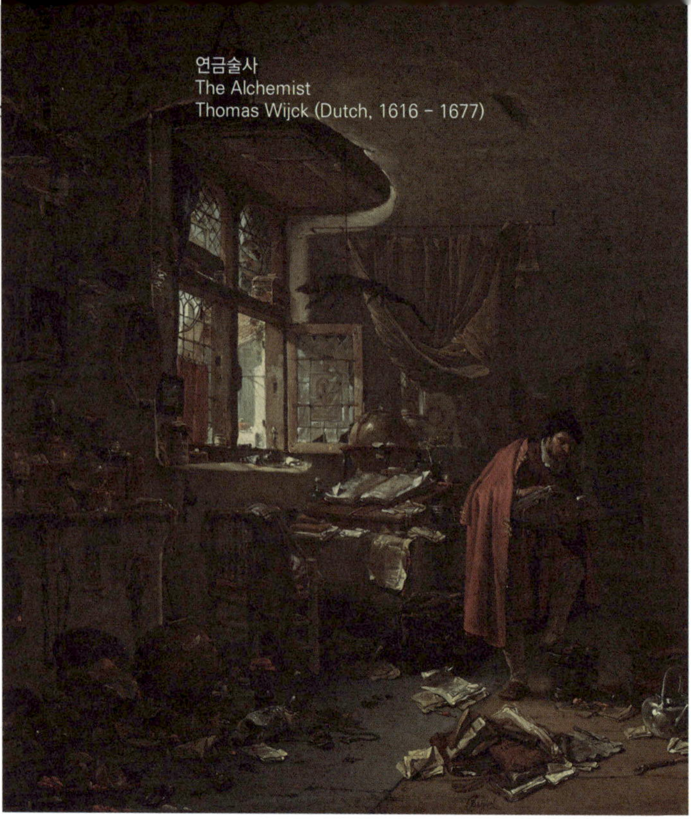

연금술사
The Alchemist
Thomas Wijck (Dutch, 1616 - 1677)

        연금술에서 일반적으로 사용되는 독은 수은, 비소, 안티몬, 납, 유황을 비롯하여 다양한 산과 알칼리가 포함되는데, 비약인 엘릭서(Elixir)의 제조부터 철학자의 돌 제작에 이르기까지 다양한 공정에 사용되었다. 연금술사 대부분은 독성물질의 사용이 연금술에 필수적이라는 데에 동의한다. 연금술 관련 문헌과 레시피에는 독성물질을 광범위하게 사용되었다는 점, 그리고 이와 같은 물질을 취급하는 작업은 매우 위험하다는 경고도 다루고 있다.

        연금술에서 독을 다루는 것은 실제로도 매우 위험한 일이기도 했다. 많은 연금술사가 독성물질에 노출되어 다양한 질병과 부상을 입었고, 실험 중 사망하는 연금술사도 있었다. 이와 같은 위험에도 독의 사용은 연금술의

연금술사
The Alchemist
Thomas Wijck (Dutch, 1616 - 1677)

필수적인 과정이었기 때문에 꼭 필요한 과정이었다.

독은 연금술 과정에서 실질적인 생성과 사용 이외에도 영적인 상징성을 띠고 있다. 연금술사들은 비금속을 금으로 변환시키고 철학자의 돌을 얻는 과정은 물리적 변화뿐만 아니라 정신적 변화도 수반한다고 믿었다. 영적 쇄신과 변화를 이루기 위해서 독은 필수적 물질로, 더 나은 상태로의 전환에 필요한 존재이다. 독은 필요악과 부패를 포함한 연금술의 어두운 측면을 상징하기도 한다. 독의 개념은 연금술사들이 지식과 이해를 탐구하는 과정에서 직면했던 도전과 고난의 은유로 사용되기도 한다.

주술과 독

전통 사회에서 의학, 마법 또는 의식의 목적으로 독이 사용된 사례는 많다. 독의 사용은 종교적, 문화적 관습의 일부이다. 전통 의학과 마법의 맥락에서 독은 질병을 치료하고 상처를 치유하는 치료제였으며, 의식(ritual) 속에서 의식(consciousness) 상태를 변화시키고 영적 존재 혹은 신과 소통할 수 있는 비약이었다.

서아프리카에서 시작되어 아이티와 카리브해의 다른 지역에서 행해지는 종교인 부두(voodoo)교에서는 영적 존재와 소통하기 위한 마법 의식에 독을 사용한다. 부두교 수련자들은 특정 식물과 동물이 영적인 힘을 가지고 있으며, 이를 이용해 정령의 힘을 활용할 수 있다고 믿었다. 사랑의 주문에는 페데랑스 뱀의 독을, 저주의 주문에는 보아뱀의 독을 사용했다.

샤머니즘 수행자들은 특정 식물과 동물이 영적인 힘을 가지고 있어서, 이 과정에 독을 사용하는 경우가 많다. 일부 문화권에서 샤먼들은 아야와스카(Ayahuasc; 아마존 우림 지역에서 샤먼들이 사용한 정신 활성 물질)나 페요테(peyote; 북아메리카의 인디언들이 영적인 의식과 치유 목적으로 사용하는 식물)와 같은 식물성 독성 물질을 섭취하거나 사용하여 무아지경(엑스터시) 상태에 빠진 후 영혼 혹은 신과 소통한다. 독은 주술자사 샤먼들에 의해 약으로도 쓰여지기 때문에 많은 문화권에서 주술사, 샤먼들은 치유 의사의 역할을 겸하기도 한다. 독을 다루는 능력은 특별하게 여겨지거나 권력과도 연결되기 때문에, 한 사회의 지도자가 주술사, 의사 모두를 겸하는 사례도 있다.

독이 약으로 쓰이거나 중독을 치유하는 데 쓰인 사례도 많다. 나이지리아 요루바(Yoruba)족의 종교에서는 수련자들이 다양한 허브와 식물 재료를 사용하여 약을 만든다. 이 약은 뱀 가죽이나 뱀 뼈와 같은 독성 동물의 일부와 혼합하여 만들어지고, 약을 소지하는 것 자체로 질병을 치료하거나 위험으로부터 보호하는 부적으로도 사용되었다. 독성 식물 혹은 동물의 일부분이나, 추출된 독으로 만든 부적과 같은 특별한 소지품을 사용하는 것도 악령을 쫓기 위한 주술적 관습과 관련이 있는 행위이다.

마녀와 독

중세 시대에는 마녀들이 독을 사용했다고 여겨졌다. 당시 사람들은 마녀들이 마술이나 점술, 독을 사용하여 인간에게 질병을 가져오고 고통을 유발하며, 농작물을 파괴하고, 가축을 죽이는 등의 악행을 벌인다고 믿었다. 실제로 마법이나 오컬트 행위를 주관하는 사람들도 있었고, 암살이 난무하던 시기였기 때문에 권력자들에게 독을 제조하여 제공하는 주술사도 있었다. 그러나 이 시기는 정교한 의학 대신 약초나 버섯, 동물을 이용한 민간요법이 만연하던 시대였다. 이러한 물질들을 다루던 사람들은 신비롭거나 비밀스럽게 생각되었고, 점차

악행을 저지르는 마녀의 이미지와 중첩되어 종교 불신, 반기독교적인 이단을 대표하는 사회악으로 상징되게 되었다.

마녀들이 사용했다고 알려진 독은 다양한 종류가 있는데, 독성이 강한 약초나 독버섯, 독사나 독개구리 등이다. 이 중 하나는 고대부터 흔하게 사용되던 독성 식물 벨라돈나이다. 벨라돈나의 열매에는 독성이 강한 아트로핀(atropine)과 스코폴라민(scopolamine)이 함유되어 있어 환각, 정신 착란을 일으키며, 심한 중독 시 사망에 이르게 할 수도 있다. 벨라돈나는 진통제를 포함한 다양한 질병에 대한 약으로도 사용되었지만, 독성이 치명적이어서 독살이나 위해의 도구로도 널리 사용되었다.

사람의 형상을 한 맨드레이크 뿌리 조각상
A mandrake root, resembling a human
(Science Museum, London)

마녀가 사용했다고 여겨진 식물에는 고대 그리스와 로마부터 독으로 사용되었던 헴록(Hemlock)도 있다. 헴록에는 다량 복용 시 마비와 호흡 부전을 일으킬 수 있는 맹독성 알칼로이드 코니인(coniine)이라는 독소가 함유되어 있다. 헴록은 철학자 소크라테스를 처형하는 데 사용된 것으로도 알려진 독이다.

디기탈리스(digitalis)도 마녀들이 사용했다고 여겨진 독성 식물이다. 디기탈리스 잎은 심장 질환을 치료하는 데 사용되지만, 과다 복용하면 메스꺼움, 구토 및 사망을 유발할 수 있는 화합물인 디기톡신(digitoxin)이 포함되어 있다. 디기탈리스는 마녀들이 사람들을 무아지경과 같은 상태로 만드는 데 사용했다고 알려져 있다.

주술과 관련이 있는 또 다른 독은 스코폴라민(scopolamine)을 함유한 맨드레이크(mandrake)와, 아트로핀(atropine)과 효시아민(Hyoscyamine)을 함유한 헨바인(Henbane)이다. 두 식물 모두 역사적으로 민간요법에서 진통제와 진정제로 사용되었지만, 독성 때문에 중독이나 독살에 사용되었다.

주목할 점은, 마녀에 대한 역사적인 기록이나 묘사, 마녀가 독을 사용했다고 주장하는 내용은 대부분 소문과 오해에 근거하고 있다는 점이다. 마녀들이 사용한 독성물질은 민간에서도 실제로 사용된 독이며 약용으로도 사용되었다. 사람들은 마녀들이 독을 사용하여 다양한 악행을 저질렀다고 믿었고, 마녀에 대한 사회적인 불안이 팽배해지고, 미신적인 이미지가 더해져 심각한 사회적 불안감을 조성했다. 결국 이 집단의식은 마녀사냥으로 옮겨붙었고, 그 결과 많은 사람이 마녀로 몰려 고문당하거나 처형되었다. 개인적인 원한이나 정치적인 목적을 달성하기 위해 마녀가 아닌 사람들조차 마녀로 조작하거나 마녀라는 프레임을 씌워 죽였다. 사람들은 언제든지 자신이 이 프레임에 씌워져 죽임을 당할 수 있음을 알고 있었고, 엄청난 공포감과 불안감을 느꼈다.

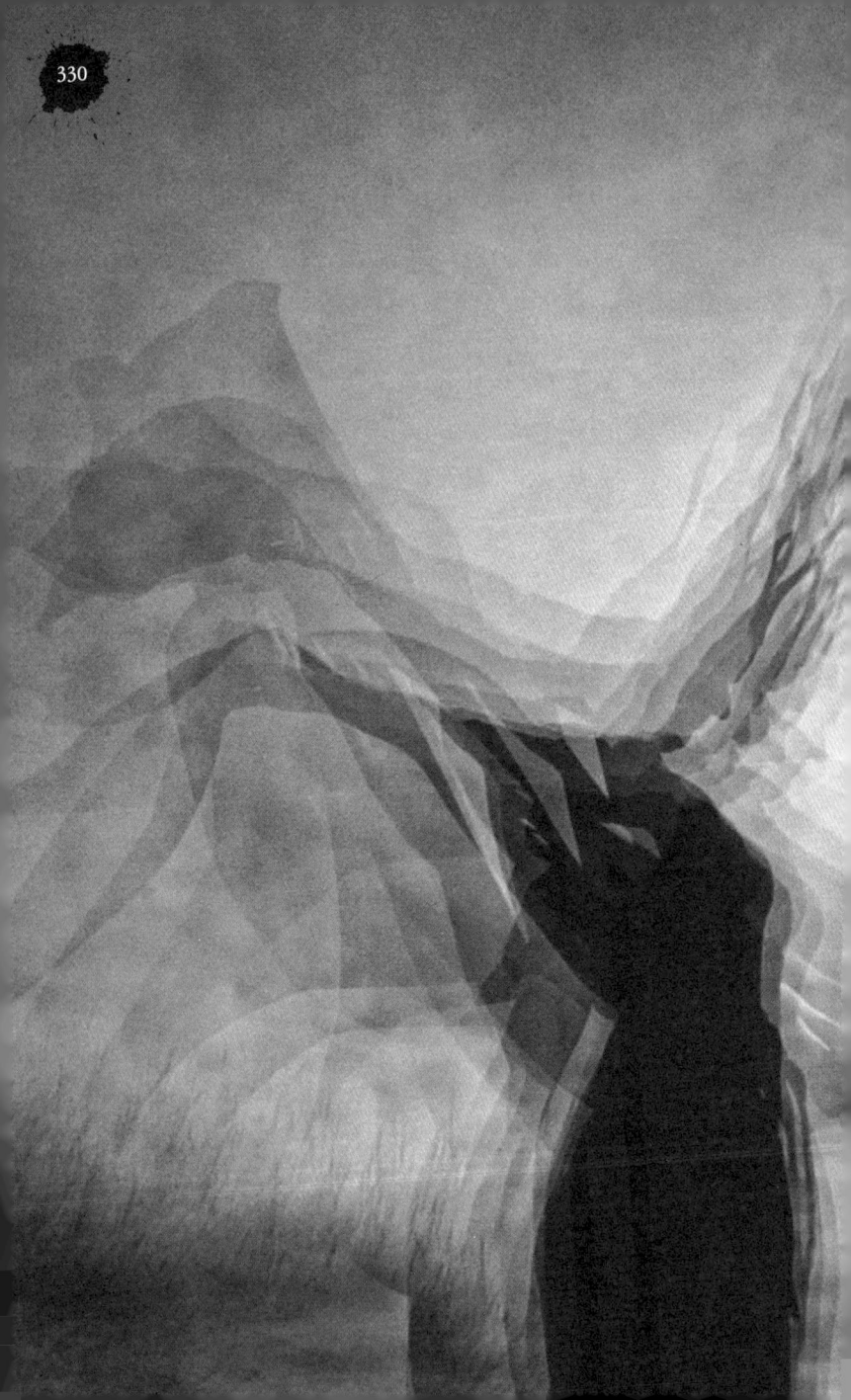

마녀들이 독을 사용했다는 기록이나 구전은 많지만, 실제적인 증거는 매우 빈약하다. 특히 마녀사냥과 재판에 관련된 문서들은 대부분 소실되었거나 대부분 고의로 파괴되었기 때문에, 당시의 정확한 기록을 찾기는 것이 쉬운 일이 아니다. 마녀사냥은 사회적인 혼란과 미신에 기인한 사건이므로, 해당 문서들이 신빙성 있는 기록인지를 판단하기도 어려운 일이다. 당시에는 구타와 고문 등의 폭력, 강제적인 자백, 불합리한 재판, 조작된 재판 결과와 처형에 대한 공포가 만연한 시대였기 때문이다.

1486년에 작성된 마레이예스의 책 '마녀의 망치(Malleus Maleficarum)'는 마녀사냥에 정당성을 부여한 책이다. 이 책에는 마녀들이 믿고 있는 사악한 존재들과, 악을 행하는 방법 등을 기술하고 있는데, 마녀사냥이라는 대학살에 정당성을 부여했다. 이 때문에 더 많은 무고한 사람들, 그중에서도 특히 여성들과 소외계층에 속한 사람들이 마녀라는 프레임이 씌워져 죽임을 당했다.

독을 사용하는 마법사, 마녀, 주술사의 캐릭터는 어느 문화권에서나 존재하지만, 현대에서는 미신적인 존재로 여겨진다. 현재 마녀의 이미지는 오컬트나 신비적인 캐릭터로 남아있어 창작물이나 게임, 만화 등에 자주 등장하는 소재이다. 하지만 중세 시대 실제로 있었던 마녀사냥은 인간의 광기가 극에 달한 역사적 비극임이 틀림없다.

예술 속의 독

오필리아
Ophelia
John Everett Millais
1851–1852

그림 속에 등장하는 독

독은 미술에서 흔한 주제가 아니기 때문에 단독으로 독을 주제로 그린 그림은 그다지 많지 않다. 하지만 독을 간접적으로 암시하거나 독성 동·식물을 등장시키거나, 독살의 비극적인 행위를 묘사한 그림이 남아 있다.

외젠 들라크루아의 '사르다나팔루스의 죽음'(1827)

"The Death of Sardanapalus" by Eugène Delacroix (1827)

귀도 카냐치(1658)의 "클레오파트라의 죽음"

"The Death of Cleopatra" by Guido Cagnacci (1658)

존 에버렛 밀레즈 경의 "오필리아"

"Ophelia" by Sir John Everett Millais (1851-1852)

"폼페이오 바토니의 '독살당한 피에드라의 시체'(1743)
"The Poisoned Body of Phaedra" by Pompeo Batoni (1743)

피에로 디 코시모의 "프로크리스의 죽음"(1500)
"The Death of Procris" by Piero di Cosimo (1500)

자크 루이 다비드의 "마라트의 죽음"(1793)
"The Death of Marat" by Jacques-Louis David (1793)

장 레옹 제롬의 "사르다나팔루스의 죽음"(1846)
"The Death of Sardanapalus" by Jean-Léon Gérôme (1846)

"장 브로크의 '히아신스의 죽음'(1801)
"The Death of Hyacinth" by Jean Broc (1801)

"장 앙드레 뤽상스의 '클레오파트라의 죽음'(1874)
"The Death of Cleopatra" by Jean-André Rixens (1874)

루카 지오다노의 "세네카의 죽음"(1684)
"The Death of Seneca" by Luca Giordano (1684)

"에두아르 마네(1860-1861)의 '마라트의 죽음'
"The Death of Marat" by Édouard Manet (1860-1861)

"자크 루이 다비드의 '세네카의 죽음'(1773)
"The Death of Seneca" by Jacques-Louis David (1773)

세네카의 죽음
The Death Of Seneca (1773)
Jacques Louis David (French, 1748 - 1825)

알렉세이 베네치아노프의 "클레오파트라의 죽음"(1836)

"The Death of Cleopatra" by Aleksei Venetsianov (1836)

J.M.W. 터너의 "사르다나팔루스의 죽음"(1827)

"The Death of Sardanapalus" by J.M.W. Turner (1827)

클레오파트라의 죽음
The Death of Cleopatra by Edmonia Lewis

조각 속에 등장하는 독

그림과 마찬가지로 독 자체를 주요 소재로 삼은 유명한 조각품은 많지 않지만, 독을 간접적으로 암시하거나 뱀과 같은 독성 동물을 조각한 작품들이 있다.

"아게산더, 아테노도로스, 폴리도루스의 '라오콘과 아들들'(기원전 1세기)
"Laocoön and His Sons" by Agesander, Athenodoros, and Polydorus (1st century BC)

"오귀스트 로댕의 '독살당한 사람'(1880)
"The Poisoned Man" by Auguste Rodin (1880)

"오귀스트 로댕(1880-1917)의 '지옥의 문'(조각 그룹)
"The Gates of Hell" (sculpture group) by Auguste Rodin (1880-1917)

에드모니아 루이스의 "클레오파트라의 죽음"(1876)
"The Death of Cleopatra" by Edmonia Lewis (1876)

"죽어가는 갈리아"(고대 로마 조각)
"The Dying Gaul" (ancient Roman sculpture)

라오콘과 아들들
Laocoön and His Sons" by Agesander, Athenodoros, and Polydorus

독을 주제로 쓰는 아티스트

헤르만 니치 (Hermann Nitsch)

: 1938년 비엔나에서 태어난 오스트리아 출신의 퍼포먼스 아티스트로, 헤르만 니치는 현대 미술에서 가장 논란이 많은 인물 중 한 명이다. 피와 시체를 포함하여 시각적으로 강렬하고 대립적인 퍼포먼스가 특징인 그의 작품은 매우 극적으로 보인다. 한 작품에서 니치는 도살된 양의 피에 치명적인 독소를 주입하여 예술과 공포의 경계를 넘

나드는 광경을 연출했다. 니치의 극적인 퍼포먼스는 독이 상징하는 죽음, 재생, 변화를 의미한다. 의례적인 방식을 퍼포먼스에 적용하여 보는 이들로 하여금 죽음과 금기에 대한 강렬한 인식에 불러 일으킨다.

데미안 허스트(Damien Hirst)

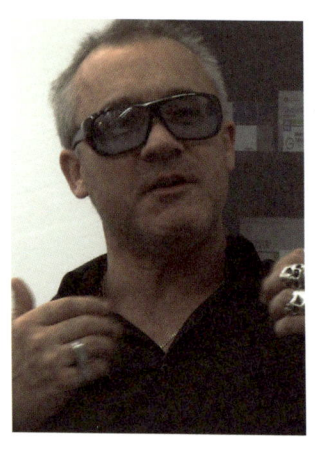

: 1965년 브리스톨에서 태어난 영국의 현대 미술가로, 그의 작품에는 독을 포함한 다양한 재료가 상징으로 사용된다. 대표작으로는 '벌집'과 '상어' 시리즈 등이 있다.

데미안 허스트는 독을 모티브로 미학과 섬뜩한 죽음의 이미지를 혼합하여 작품을 제작한다. 그의 시그니처 작품은 포름알데히드에 보존된 동물 혹은 다이아몬드가 박힌 인간의 두개골 등으로 도발적인 소재를 포함하고 있다.

포름알데히드(Formaldehyde)는 현대에 개발된 보존물질로, 독으로 간주되지는 않지만, 암을 유발하는 독성을 갖고 있다는 점은 허스트의 예술에서 죽음과 위험이라는 주제와 공명한다. 이러한 맥락에서 포름알데히드는 그 자체로 독의 상징이 되며, 생명체에게 유독하지만 부패를 억제하여 죽음을 보존하는 역할을 한다. 2002년 "Lullaby" 시리즈 중 하나는 대형 거울에 알약을 섬세하게 배열한 작품으로, 이 시리즈의 소재는 오용할 경우 독이 될 수 있는 약으로 구성되어 있다. 이 작품들은 치유와 해악 사이의 불안한 절충안을 제시하며, 투여에 따라 치료하거나 죽일 수 있는 물질의 이중성을 강조한다.

데미안 허스트는 1990년대 YBA(Young British Artists) 운동의 주역이기도 하다.

피에르 모니에(Pierre Molinier)

: 1900년 프랑스에서 태어난 사진작가인 피에르 모니에는 섹슈얼리티에 대한 노골적이고 초현실적인 탐구를 표현한다. 그는 에로티시즘과 신비주의의 혼합체로서의 물질만능주의, 변형, 신체를 주제로 다룬다. 성적 정체성과 욕망 사이의 다각적인 관계를 탐구하기 위해 독을 상징적 요소로 사용하는 도발적인 사진으로도 유명하다.

카밀라 로즈 가르시아(Camilla Rose Garcia)

: 미국의 일러스트레이터이자 화가로, 만화와 도상적인 요소를 혼합하여 생생한 색상과 의인화 된 물체로 가득 찬 환상적이고 으스스한 작품을 선보인다. "The Poisoned Glen"에서 가르시아는 독을 내뿜는 산업 단지의 오염된 개울에서 물을 마시는 특이한 생물들로 가득 찬 일러스트를 선보였는데, 섬뜩하면서도 매혹적인 느낌을 준다.

알렉산더 맥퀸(Alexander McQueen)

: 영국의 패션 디자이너로, 독을 포함하여 부정적인 상징물을 패션의 주제로 사용하는 디자이너로 유명하다. "Plato's Atlantis"라는 제목의 2010년 봄/여름 컬렉션에서 맥퀸은 뱀과 해파리와 같이 독이 있는 다양한 생물의 이미지를 옷에 프린트하여 런웨이를 선보였다. 그가 사랑한 해골 패턴은 맥퀸의 시그니처 상징인데, 이 해골은 아직도 맥퀸 브랜드의 유명한 라인업이기도 하다.

독의 주체자,
관계와 정치의
도구서로의 독

보나 여왕의 독살
Poisoning of Queen Bona by Jan Matejko.

독과 정치

독살의 정치적 견해

독살은 논란과 비난의 정치적 전술이다. 많은 정치 지도자와 단체는 독살을, 민주적 제도를 훼손하고 인권을 침해하는 불법적이고 부도덕한 폭력의 한 형태로 본다.

독살이 반대 세력이나 정치적 경쟁자를 은밀하게 제거함으로써 민주주의의 핵심인 자유, 공정한 경쟁의 원칙, 공개 토론, 언론 자유의 원칙을 훼손할 수 있다고 간주하기 때문이다. 또한 독 사용은 의도하지 않은 결과와 부수적인 피해를 초래하여 무고한 개인에게 해를 끼치고 사회 및 정치 시스템을 광범위한 혼란으로 빠뜨릴 수 있어서 더욱 위험한 행동으로 분류되고 있다.

무분별한 독 사용은 폭력과 보복의 악순환에 기여하여 갈등을 조장하고, 평화롭고 정의로운 사회를 이루려는 노력을 약화한다. 암살과 폭력에 의지함으로써 정치 행위자들은 서로 다른 집단 간의 신뢰와 협력을 교란함과 동시에, 안정적이고 번영하는 사회를 구축하는 데 악영향을 끼친다.

소크라테스의 죽음
The Death of Socrates (1787)
Jacques Louis David (French, 1748 – 1825)

독살자와 독살사건 이야기

기원전

소크라테스(Socrates)가 마신 헴록

: 기원전 399년 소크라테스가 헴록(hemlock) 독을 마시고 사망한 역사적 사건은 여러 고대 그리스 문헌에 잘 기록되어 있다. 그중 하나는 소크라테스의 가장 유명한 제자이자 철학자 중 한 명인 플라톤이 쓴 "변명(Apology)"으로, 플라톤은 재판 중 소크라테스의 변호 연설과 함께, 도망치거나 더 가벼운 형벌을 제안하는 것을 거부하여 결국 사형에 처하게 되는 과정을 서술한다. 플라톤이 저술한 또 다른 책 '파이드로(Phaedo)'에도, 소크라테스가 처형당하기 전 마지막 순간과, 추종자들과의 철학적 토론이 묘사되어 있다. 또한 소크라테스와 동시대 인물인 크세노폰은 '향연(Memorabilia)'에서 그의 재판과 죽음에 관한 이야기를 적었다.

네로 앞에서 독을 시연하는 로쿠스타
Locusta testing in Nero's presence the poison prepared for Britannicus, painting by Joseph-Noël Sylvestre, 1876

알렉산더(Alexander) 왕의 독살 추정

: 알렉산더 왕도 독살과 관련된 미스터리를 가진 인물이다. 30세에 대제국을 건설한 왕이자 군사 지도자인 알렉산더는 전술적 천재성, 야망, 정복에 대한 무자비함 등으로 유명한 왕이었다. 32세, 그의 갑작스러운 죽음은 예상치 못한 일이었고 제국 전체와 주변국에 충격을 주는 사건이었다. 역사적 기록에는 장기간 연회의 영향으로 알렉산더가 병에 걸렸다고 적고 있다. 증상이 며칠에 걸쳐 진행되었으며 열, 복통, 진행성 쇠약으로 결국 사망했는데, 디오도로스 시켈로스(Diodorus Siculus)의 'Bibliotheca Historica(비블리오테카 히스토리카)'나 퀸투스 커티우스 루퍼스(Quintus Curtius Rufus)가 저술한 알렉산더 왕의 전기와 같은 고대 자료에는 그가 말라리아나 장티푸스와 같은 질병으로 사망했을 것이라고 기록되어 있다.

알렉산더가 독에 의해 사망했다는 주장은 수 세기 동안 지속적으로 제기되었지만, 현재로서는 분석할 수 없으므로 여전히 입증되지 않은 가설로만 남아있다.

1세기

로쿠스타(Locusta)

: 로쿠스타는 서기 1세기 로마 제국의 악명 높은 독살자였다. 치명적인 독극물을 제조하는 기술로 유명했으며, 권력자들이 적이나 라이벌을 제거하기 위해 고용하기도 하였다. 로쿠스타와 연관된 가장 유명한 사건 중 하나는, 그녀가 서기 54년 로마 황제 클라우디우스(Claudius)의 독살에 가담하여 클라우디우스의 의붓아들인 네로(Nero)가 황제에 오를 수 있게 한 사건이다. 로쿠스타는 클라우디우스의 아들 브리타니쿠스(Britannicus)를 독살하는 데에도 관여하여 네로의 권력에 힘을 실어주었다. 중요한 독살에 여러 차례 성공했지만, 로쿠스타는 결국 네로가 죽은 후 악행이 밝혀져 갈바(Galba) 황제의 명령에 따라 서기 69년에 처형당했다.

아들 네로(Nero)에게 살해당한 아그리피나(Agrippina)

: 기원전 59년 경의 아그리피나 2세는 네로 황제의 어머니로, 네로 황제에게 상당한 영향력을 행사했던 인물이다. 로마 역사가 타키투스(Tacitus)는 그의 책 '연대기(Annals)'에서, 네로가 자신의 권력을 강화하기 위해 아그리피나를 제거하려고 측근들과 음모를 꾸몄다고 적었다. 네로는 아그리피나를 여러 차례 독살하려 했으나 번번이 실패했다. 네로는 제국 함대 사령관 아니세투스(Aricatus)의 도움을 받아 아그리피나를 선상 파티에 초대했고, 배를 고의로 침몰시켜 어머니를 죽이려 했다. 이 살인 교사도 실패한 후 네로는 병사들을 파견하여 아그리피나를 살해하는 패륜을 저지른다. 네로 황제는 미치광이 독재자로 묘사된다.

4세기

샤한샤(King of Kings)의 죽음

: 왕중의 왕이라는 '샤한샤'의 호칭을 얻은 아케메네스 페르시아 제국의 통치자 아르타크세르크세스 3세(Artaxerxes III)는, 80명의 형제를 포함하여 경쟁자를 모두 제거했고, 이집트 재정복을 위해 대규모 원정군을 파견하는 등의 중앙집권적이고 억압적인 통치를 했다. 환관이었던 바고아스(Bagoas)는 기원전 338년, 왕좌를 노리고 아르타크세르크세스 3세를 독살했다. 이 사건은 아케메네스 페르시아 왕조가 몰락하게 되는 계기가 되었다.

7세기

측천무후의 강력한 권력

: 측천무후(則天武后)는 중국 역사상 유일한 여성 황제로, 권력을 장악하기 위해 남편인 고종 황제를 독살한 것으로 추정된다. 암살에 사용된 구체적인 독약은 알려지지 않았으나, 고종 황제가 사후 측천무후는 정권을 장악하고 섭정통치를 하다가 결국 황후로 즉위하여 서기 690년부터 705년까지 중국의 실질적인 통치자로 군림했다.

9세기

황차오(Huang Chao)의 독

: 황차오는 중국 당나라 시대의 반란군 지도자로, 9세기에 당나라 황제 이종을 암살하기 위해 독이 든 술을 바친 것으로 알려져 있다. 황차오의 반란은 반정부적인 대규모 반란이었으며, 황제 이종을 암살한 사건은 반란의 중추적인 사건이었다. 반란은 광범위한 혼란과 폭력으로 이어져 당 왕조의 쇠퇴를 가져왔고 결국에는 왕조의 분열과 몰락에 기여했다.

중국의 유일한 여성 황제인 측천무후(則天武后)

13세기

남편의 복수, 키예프의 올가(Kievan Rus')

: 키예프의 올가는 10세기 키예프 루스의 섭정 통치자였다. 그녀는 남편 이고르를 죽인 드레블리안(Drevlians)인에게 복수하기 위하여 계략을 꾸몄다. 올가는 남편을 기리기 위한 잔치에 드레블리안을 초대했고, 술에 독을 넣어 수백 명의 드레블리안을 독살했다. 올가의 보복은 여기서 끝나지 않고, 나중에 드레블리아에 대한 군사 작전을 지휘하여 더 큰 학살을 가했다.

죽은 남편을 맞이하는
키에프의 올가
Princess Olga meets the
body of her husband.
A sketch by Vasily
Surikov.

15세기

교황의 아들이 사용한 독

: 15세기, 교황 알렉산더(Alexander) 6세의 아들이었던 조반니 보르지아(Giovanni Borgia)는 경쟁자를 제거하기 위해 칸타렐라(Cantarella)라는 독을 사용했다는 의혹을 받는 인물이다. 칸타렐라는 소량으로도 독성이 강하여 치명적일 수 있는 삼산화비소(arsenic trioxide)계의 독으로, 조반니 보르지아의 칼타렐라 사용은 당시의 복잡한 정치 및 권력 투쟁 상황을 반영한다.

16세기

교황의 선종

: 교황 클레멘트(Clement) 7세는 16세기 가톨릭교회의 교황으로, 종교 개혁 동안 각종 정치적 책략으로 유럽 분쟁에 관여했다고 알려진 인물이다. 1534년 교황의 선종은 여전히 미스터리로 남아있다. 독버섯인 데스 캡(death cap) 버섯을 먹고 독살당했다는 주장과 자연사의 주장이 엇갈리고 있으며 여전히 논쟁의 여지가 있다.

장갑에 묻은 독

: 1536년, 나바르의 여왕 잔느 달브르(Jeanne d'Albret)는 아들의 결혼식을 며칠 앞두고 사망하여 의혹을 불러일으켰다. 일부 역사가들은 프랑스 국왕 헨리(Henry) 2세의 아내인 카트린 드 메디치(Catherine de' Medici)가 독을 넣은 장갑을 사용해 잔느의 죽음을 준비했을 것으로 추측하고 있을 뿐이다.

수은이 중독된 대제

: 1547년 러시아 최초의 차르였던 이반(Ivan) 대제는 정치적 정적들에 의해 투여된 수은 중독으로 사망했다고 추정된다. 역사적 기록에 따르면 이반은 수은 중독 증상과 일치하는 극심한 기분 변화와 신체적 증상을 보였다고 한다. 이반 대제의 사망 원인은 여전히 논쟁의 대상이지만, 이반 대제의 죽음은 당시의 혼란스러운 정치 상황을 이해할 수 있게 해 준다.

여왕 잔느 달브르의 초상
Portrait au crayon de Jeanne d'Albret, reine de Navarre.
Recueil. Portraits dessinés de la Cour de France.

LE POISON DES FRANCS-MAÇONS

Ce poison est fabriqué à Naples; on l'appelle *Manna di San Nicola di Bari*; il s'expédie aux Suprêmes Conseils, qui en font la demande, dans de minuscules fioles portant une étiquette ornée de l'image de Saint-Nicolas.

아쿠아 토파나 전단지
Poison "Manna di San Nicola" (Aqua Tofana), by Pierre Méjanel

17세기

해방의 독으로 판매된 아쿠나 토파나(Aqua Tofana)
: 줄리아 토파나(Giulia Tofana)는 17세기 '아쿠아 토파나'로 알려진 치명적인 독극물을 제조·판매한 독 전문가다. 비소, 납, 벨라돈나 등의 독성 성분으로 제조된 아쿠나 토파나는 불행한 결혼생활에서 벗어나고자 하는 여성들에게 저렴하게 판매되었다. 이 독약으로 로마에서만 약 600명의 남성이 죽음을 맞이한 것으로 추정된다.

독 제조 전문가, 라 부아쟁(La Voisin)
: '라 부아쟁'으로도 알려진 캐서린 데샤예 부아쟁은 점술가이자 산파였으나, 프랑스 귀족들에게 독을 판매한 독 제조 전문가이기도 했다. 라 부아쟁은 비소와 독성 식물 물질이 포함되어 있어 치명적이지만 탐지하기 어려운 독을 만들어, 정적이나 라이벌을 은밀하게 제거하길 원하는 부유층을 대상으로 독을 판매하였다.

비소 연쇄살인범, 메리 블랜디
Miss Mary Blandy in her Drawing Room after her hung
by T. Ryley, after L. Wilson

딸 마르게리트 도브레이에게 독살당한 안토니 도브레이
Antoine Dreux d'Aubray, poisoned by his daughter, the Marquise de Brinvilliers. Engraving by Claude Mellan

18세기

사랑의 묘약으로 믿어진 비소

: 메리 블랜디(Mary Blandy)는 1751년 영국 출신 여성으로 아버지 프란시스 블랜디(Francis Blandy)를 비소로 독살했다. 메리는 치명적인 독인 비소가 구혼자 윌리엄 헨리 크랜스타운(William Henry Cranstoun) 대위와의 관계를 반대하는 아버지에게 인정받는 마법의 묘약이라고 생각했다. 결국 범죄 사실이 밝혀져 메리는 체포 후 재판을 받고 살인죄로 유죄판결을 받아 사형에 처해졌다.

프랑스의 독극물 살인 사건

: 브랭빌리에(Brinvilliers) 후작 부인 마리 마들렌 도브레이(Marie-Madeleine d'Aubray)는 17세기 프랑스에서 재산을 상속받기 위해 아버지와 두 명의 남자 형제를 비소로 독살했다. 마르게리트는 몇 번의 결혼생활을 이어 나갔고 불륜도 거침없었다. 당시 귀족 사회에서 그녀의 문란한 생활이 회자됨을 불쾌해 한 아버지에게 반발하여 비소로 아버지를 죽이고 재산을 차지하였다. 독살한 남동생과도 부적절한 관계였다는 소문이 있다. 오페라 '브랠빌리에 후작(La marquise de Brinvilliers)'은 그녀의 이야기를 모티브로 만들어졌다.

19세기

스트리크닌(strychnine) 연쇄살인범

: 램버스 독살범(Lambeth Poisoner)으로 알려진 토마스 닐 크림(Thomas Neill Cream)은 19세기 후반 미국과 영국에서 활동한 악명 높은 연쇄살인범이다. 의사였던 닐크림은 의학 지식을 이용해 스트리크닌(strychnine)과 아코니틴(aconitine)을 이용하여 주로 여성들을 독살했다. 독은 직접 투여하기도 했지만, 약이나 음료에 섞어 위장하기도 했다. 3개국에서 10명 이상을 살해한 것으로 재판 결과 드러났으며, 낙태를 원하는 하층 여성, 매춘부, 임산부를 대상으로 범죄를 저질렀다.

브레멘 천사의 독살

: '브레멘의 천사(Angel of Bremen)'로 알려진 게슈 고트프리트(Gesche Gottfried)는 19세기, 비소를 사용하여 연쇄 살인을 저지른 독일 여성이다. 게슈가 '브레멘의 천사'라는 아이러니한 별명을 얻은 이유는 1815년경 독일을 강타한 콜레라 때문이었다. 게슈는 전염병이 도는 동안 헌신적인 봉사로 마을에 큰 도움을 주었다. 그러나 게슈는 자기 부모, 두 남편, 자기 자녀를 포함하여 가까운 사람 15명을 살해했다. 게슈는 비소를 음식이나 음료에 섞어 독살했는데, 피해자들의 재산과 자산을 상속받으려는 금전적 이득이 범행동기였다. 1831년, 사형에 처해졌다.

탐험을 멈추게 한 비소

: 1871년 북극 탐험가 찰스 프랜시스 홀(Charles Francis Hall)은 탐험 도중 의문의 죽음을 맞이했다. 이누이트 가이드와 함께 뉴먼 베이(Newman Bay)라는 피요르드로 썰매 탐험을 마치고 배로 돌아온 후 커피 한 잔을 마시고 갑자기 쓰러졌다. 발작과 구토, 정신 착란으로 앓던 홀은 며칠 호전되었던 기간에 베셀(Bessels)을 포함한 여러 선박 회사가 자신에게 독을 먹였다고

간호사 연쇄살인범, 제인 토판
Serial killer Jane Toppan (1854-1938)

주장했다. 홀의 사후 실시된 모발 분석에서는 비소 성분이 검출되었다. 누군가가 비소로 홀을 독살했는지, 아니면 어떠한 상황 때문에 비소가 축적되었는지는 알 수 없으며, 정확한 사망 원인이 비소였는지도 현재로서는 알 길이 없다.

간호사의 연쇄 독살

: 19세기 후반 미국의 간호사였던 제인 토판(Jane Toppan)은 모르핀(morphine)과 아트로핀(atropine)을 포함한 치명적인 약물을 혼합하여 환자 여러 명과 자신이 사랑하는 사람들을 살해했다. 토판은 간호사라는 직업 때문에 독성물질을 쉽게 구할 수 있었고 투여하기도 쉬웠다. 살인 동기는 욕망과 성적 페티시 때문이었다. 피해자들의 고통을 목격하는 데에 쾌감을 얻었다고 한다. 범죄가 밝혀져 기소된 제인 토판은 1902년 심신 미약을 이유로 무죄 판결을 받고 정신병원에 수감되었다가 84세의 나이로 병원에서 사망했다.

20세기

수백 명을 독살한 의사

: '죽음의 의사(Dr. Death)'라고도 알려진 해롤드 쉽맨(Harold Shipman)은 영국의 개업 의사이자 역사상 가장 악명 높은 연쇄 살인범 중 한 명이다. 쉽맨은 헤로인(heroin) 계열의 치명적인 디아모르핀(diamorphine)이라는 약물을 사용하여 200명 이상의 환자를 살해한 것으로 추정된다. 쉽맨의 범행은 수년에 걸쳐 이루어졌으며, 범행을 감추기 위해 의료 기록을 조작하기도 했다. 수백 명을 독살했으나, 2000년 최종적으로는 15건만 살인 혐의를 인정받아 종신형을 선고받았다. 실제 살해한 사람들보다 훨씬 적은 희생자로 기소된 이유는, 피해자 중에는 치명적인 병을 앓고 있던 환자들이 많았고, 의사의 신분으로 의료 기록을 조작했기 때문이었다. 2004년 감옥에서 목이 매달린 채 발견되었다.

재능을 독살에 사용한 살인

: '찻잔 독살범(Teacup Poisoner)'으로도 알려진 그레이엄 프레드릭 영(Graham Frederick Young)은 안티몬(antimony)과 탈륨(thallium)과 같은 치명적인 독성물질을 사용하여 가족과 동료 여러 명을 독살한 영국의 살인범이다. 영은 어린 시절부터 독성 화학물질을 탐구하는 재능이 있었다고 하는데, 첫 번째 살인은 14살 때 계모를 독살한 사건이다. 이후 1960~70년 대에 3명 이상을 독살한 것으로 밝혀져 종신형을 선고받았다.

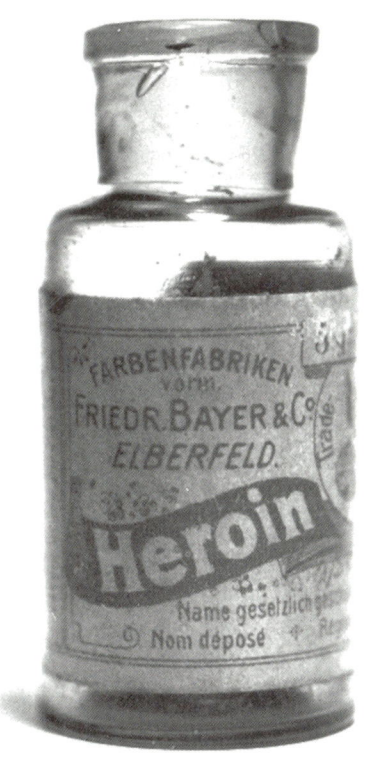

간호사의 두 얼굴

: 20세기 후반 '죽음의 천사(Angel of Death)'로도 알려진 간호사 연쇄살인범 찰스 에드먼드 컬런(Charles Edmund Cullen)은 체포 후 최소 40명의 환자를 살해했다고 자백했다. 하지만 실제 희생자 수는 훨씬 더 많을 것으로 추정된다. 컬런은 16년 동안 뉴저지와 펜실베이니아의 여러 병원을 돌며 디곡신(digoxin)과 인슐린(insulin)을 포함한 치사량의 약물을 환자에게 투여하여 사망에 이르게 하였다. 범행동기는 아직 밝혀지지 않았으며, 2003년 체포된 컬런은 살인 및 살인 미수 혐의로 유죄판결을 받고, 종신형을 선고받았다.

21세기

유치원 교사의 끔찍한 독살 만행
: 2019년 중국의 유치원에서 25명의 어린이가 중독되는 사건이 발생했다. 범인은 그 유치원 교사인 왕원이었다. 왕원은 동료와의 갈등으로 인한 복수로, 아이들이 아침 식사에 아질산나트륨(sodium nitrite)을 섞었다. 아질산나트륨은 일반적으로 식품 방부제로 사용되는 독성물질이다. 중독된 유치원생 중 한 명이 2020년 다발성 장기 부전으로 사망하여 중국에 큰 충격을 준 사건이다.

쿠다타이(Koodathayi) 청산가리 살인사건
: 인도의 '청산가리 살인범(Cyanide Killer)'으로도 알려진 졸리 조셉(Jolly Joseph)은 2002년부터 2016년까지 14년 동안 남편, 시부모, 친척 등 가족 6명을 청산가리로 독살한 혐의로 기소되었다. 졸리는 재산을 노리고 상속받기 위하여 극도로 위험한 독극물인 청산가리로 독살을 저지른 것으로 알려졌다. '케랄라 청산가리 살인 사건(Kerala cyanide murder)'으로도 알려져 있다.

북한 김정일의 아들, 김정남의 사망

: 2017년 인도네시아 출신의 시티 아이샤(Siti Aisyah)와 베트남 출신의 도안 티 흐엉(Doan Thi Huong)은 쿠알라룸푸르 국제공항에서 북한 지도자 김정은의 이복형인 김정남을 독살한 혐의로 기소되었다. 암살에는 맹독성 신경 작용제인 VX가 사용되었으며, 김정남은 공격 직후 사망했다. 두 여성은 이 독성물질의 정체를 알지 못했고, TV 쇼를 위한 장난으로 생각했다고 주장했다. 이 독살사건은 북한 정권에 비판적이었던 김정남을 제거하려는 북한 당국의 음모라고 여겨진다. 시티 아이샤와 도안 티 흐엉은 현재 기소가 취하된 후 구금에서 풀려나 고국으로 돌아갔다.

독극물 중독
혐의로 기소된
푸틴 대통령

: 블라디미르 푸틴 (Vladimir Putin) 러시아 대통령은 국가가 후원한 독극물 중독 혐의로 기소된 적이 있다. 영국에 망명한 러시아 연방보안부 전직 요원인 알렉산더 리트비넨코(Alexander Litvinenko)가 2006년 폴로늄(polonium)-210에 중독되어 사망한 사건과, 러시아 야당 지도자이자 반부패 운동가인 알렉세이 나발니(Alexei Navalny)가 2020년 신경작용제인 노비촉(Novichok)에 중독된 사건 때문이다. 푸틴이 이 사건들과 직접적으로 연관되어 있다는 구체적인 증거는 아직 없지만 유력한 배후로 여겨지고 있는 상황이다.

기적의
미네랄 보충제,
MMS

: 코로나 팬데믹 기간, 마크 그레논(Mark Grenon)과 그의 아들들은 '미라클 미네랄 보충제(Miracle Mineral Supplement)'를 판매하여 미국에서 악명을 떨쳤다. MMS는 코로나19를 포함한 다양한 질병 치료제로 판매되었지만, 실제로는 독성 표백제 용액이었다. 그레논은 MMS가 질병을 치료하고 예방할 수 있다고 거짓으로 주장하여 복용한 사람들에게 잠재적인 피해를 줬다. 이들의 사기 행각이 드러나면서 공중 보건을 위협한 혐의로 법적 처벌을 받게 되었다.

독과 젠더

　　　　식물은 약성과 독성을 모두 가지고 있어 인간의 삶과 죽음에 영향을 주는 신비스럽거나 위협적인 개체로 인식된다. 많은 문화권에서 여성은 식물이나 자연의 특성에 대해 더 깊은 지식을 가지고 있다고 여겨져, 여성이 약이나 독을 다루는 데 더 능숙하다는 인식이 자리 잡게 되었고, 이 때문에 남성보다 여성이 독을 더 잘 다루는 위험한 존재라는 인식도 은연중에 형성되었다.

　　　　독성학적 관점에서도 독의 특성 때문에 여성이 독과 더 연관되어 있다고 여긴다. 독은 직접적인 대결이 필요하지 않고, 은밀하게 행할 수 있으며, 적은 양으로도 치명적인 효과를 나타내기 때문에, 독살은 꽤 오랫동안 '여성적'인 행위로 여겨져 왔다.

독과 여성의 연관성을 역사적으로 되짚어 보면, 고대부터 음식이나 약을 준비하는 일은 주로 여성들이 담당했기 때문에, 이 과정은 여성들이 독에도 더 능숙할 것이라는 믿음의 바탕이 되었다. 메데이아와 같이 신화나 전설, 민담 속에서 독을 다루는 주체가 여성으로 그려지는 사례는 많다.

중세 시대에는 여성과 독이 밀접하게 연관되어 있다는 인식이 더 확고히 굳어진 시기였다. 마녀로 대변되는 사악한 여성의 이미지는 여성이 기만성과 유혹을 타고났다는 여성 혐오적 믿음으로 집단 무의식화되었다. 그 결과 수많은 여성이 마녀라는 프레임에 씌워진 채 '마녀사냥'에 희생당했다.

르네상스 시대는 문화적으로 눈부신 시대였지만, 여성들은 마녀사냥과 비슷한 프레임에서 여전히 자유롭지 못했다. 특히 유럽에서는 여성에 의한 독극물 중독사건이 급증하여 그러한 고정관념은 더욱 심화되었다.

중요한 것은 젠더 인식과 역사적 독극물 사용의 실제를 구별하는 것이다. 인류 역사 속에서 여성이 살인의 수단으로 독을 사용한 사례는 많지만, 이것은 단지 여성들에게만 국한된 것은 아니었다. 여성의 독 사용의 빈도만큼 많은 수의 남성들도 독살에 가담했기 때문이다.

독을 잘 다룬다고 여겨지는 여성, 혹은 여성 독살자의 이미지는, 솥에 무언가를 끓이고 있는 뾰족모자 마녀의 이미지처럼 정형화된 상태로 미디어와 대중문화에 의해 영속되어왔고, 이 관념은 너선히 집단적 무의식 속에 남아있다.

독의 사용은 한쪽 성별에 내재하여 있거나 국한된 것이 아니다. 역사적으로 남성도 수많은 중독사건이나 독살에 연루됐지만, 여성에 찍힌 낙인과는 전혀 다른 모습으로 나타난다. 독과 젠더에 대한 연관성은 독을 성별에만 기인시키는 것에서 벗어나, 독의 특성과 중독이 의미하는 문화적 현상에서 거시적으로 봐야 하는 현상이다.

Name Your Poison Day

"Name Your Poison Day"는 매년 6월 8일로 알려져 있다. 이 문구는 영어권에서 사용되는 관용구로, 독과 관련된 주제에 대한 특별한 날로 여겨진다. 매년 6월 8일은 독과 관련된 주제의 이벤트를 즐기는 날이다.

"Name Your Poison Day"의 기원은 정확하지 않다. 'Poison(독극물)'이라는 단어는 19세기 중반부터 술을 비유적으로 지칭하는 용어로 사용되었는데, 이 용어는 '술에 취하다'를 뜻하는 라틴어 단어 'toxicum'에서 비롯되었으며, 과도한 술 섭취에 대한 부정적 의미를 포함하고 있다. 이러한 맥락에서 술을 독에 빗대어 "name your poison(당신의 독 이름을 지어주세요)"나 "pick your poison(당신의 독을 고르세요)", "what's your poison?(당신의 독은 무엇인가요?)"와 같은 표현들이 생겨났다.

1864년 3월 24일 워싱턴 D.C.의 '데일리 내셔널 리퍼블리칸' 신문은 당시의 최신 유행을 소개하면서, 남성들 마시고 싶은 술을 묻는 질문으로 "Please nominate your poison, gentlemen(신사분들, 당신의 독을 지명해주세요')"라는 표현이 가장 핫한 트렌드라고 보도했다. 이 기사는 전역의 신문으로 전해졌고, 이 기사를 본 대중들과 작가들이 이 표현을 사용하기 시작했다.

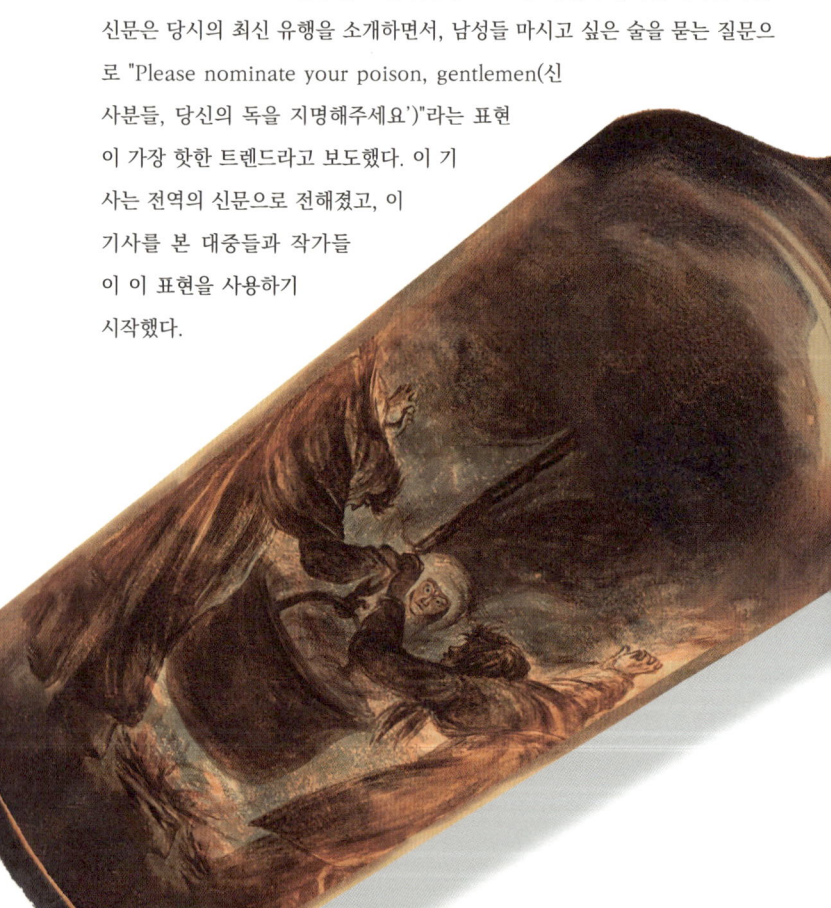

1914년, 오하이오의 시장이 '술을 마시려면 술 라이센스를 신청해야 한다'는 법률을 제정하면서, "nominate your poison(당신의 독을 지명해주세요)"라는 표현은 엉뚱하게도 더 퍼지게 되었다. 시장에 대한 풍자에서 비롯된 바이럴이었다.

National Name Your Poison Day는 아직까지도 매년 진행 중이다. 이 날은 사람들이 자신의 취향에 맞는 독(술)을 골라 즐기는 날로, 전세계에서는 음주와 관련된 다양한 행사들이 열리기도 한다.

참고문헌

헤라클레스가 보이는 호기심의 열린 캐비닛
An Open Cabinet Of Curiosities With A Hercules Group (1670)
Trompe L'oeil.

Apollodorus, & Hard, R. 1997. The Library of Greek Mythology. Oxford University Press.

Benjamin, D. R. 1995. "Mushrooms: poisons and panaceas—a handbook for naturalists, mycologists and physicians." New York: WH Freeman and Company.

Bhagavata Purana

Blum, D. 1996. "The Poisoner's Handbook: Murder and the Birth of Forensic Medicine in Jazz Age New York." Journal of Clinical Toxicology

Bradley, R. 2008. "The Encyclopedia of Serial Killers." Checkmark Books.

Charles Martindale, 2004. "Shakespeare and the Uses of Antiquity: An Introductory Essay" Routledge

Contemporary Art Review, "Camilla Rose Garcia: Painting Poison,"

Courlander, H. 1996. A Treasury of African Folklore. Marlowe & Company.

"Damien Hirst's works." Damien Hirst Official Website.

El-Shahawy, A. 2010. The Egyptian Museum in Cairo: A Walk Through the Alleys of Ancient Egypt.

Emsley, J. 2005. The Elements of Murder: A History of Poison. Oxford University Press.

Emsley, J. 2005. The Elements of Murder: A History of Poison. Oxford University Press.

Erdoes, R., & Ortiz, A. 1984. American Indian Trickster Tales. Viking Press

Foster, G.M. 1959. The function of poison in primitive societies. American Anthropologist, 611.

Freedman, L. 2020. Poisoned Power: The Case Against Russia. PublicAffairs.

Gautier, T. 1865. "Art and Ideas: The Poisoned Girl." Gazette des Beaux-Arts, 2.

Graf, F. 1997. Magic in the Ancient World. Harvard University Press.

Griffin, M. 2018. "The Deaths of Roman Emperors and the Use of Poison." The Classical Quarterly.

Haber, Franziska. 2021. "A Social History of Poisoning." Johns Hopkins University Press.

Hall, J. 2008. "Dictionary of Subjects and Symbols in Art." Westview Press.

Harris, S. 2021. "A History of Poison: Crime and Science in the 19th Century." Yale University Press

Hayes, Bill. 2021. "The Power of Venom: A Journey into the Worlds Deadliest Natural Substance".

Haynes, R. M. 2008. The Poisoner's Handbook: Murder and the Birth of Forensic Medicine in Jazz Age New York. Penguin.

Haynes, R. M. 2010. From alchemy to artificial intelligence: Stereotypes of the scientist in Western literature. Public Understanding of Science.

Herman, E. 2019. "The Royal Art of Poison: Filthy Palaces, Fatal Cosmetics, Deadly Medicine, and Murder Most Foul." St. Martin's Press.

"Hermann Nitsch and his Orgies Mysteries Theater." Museum Hermann Nitsch.

Hibbert, C. 2008. The Borgias and Their Enemies: 1431-1519. Harcourt.

Hodgson, E. 2010. A Textbook of Modern Toxicology. John Wiley & Sons

Kak, S. 2002. The Gods Within: Mind, Consciousness and the Vedic Tradition. Munshiram Manoharlal.

Kathryn Harkup, 2015. "A is for Arsenic: The Poisons of Agatha Christie", Bloomsbury Publishing

Kieckhefer, R. 1989. "Magic in the Middle Ages." Cambridge University Press.

Klostermaier, K. K. 2007. A Survey of Hinduism. State University of New York Press.

Kocsis, R. 2006. Criminal Profiling: Principles and Practice. Humana Press.

Kors AC, Peters E. 2001 Witchcraft in Europe, 400-1700: A Documentary History. Philadelphia: University of Pennsylvania Press.

Kors, A. C., & Peters, E. 2001. "Witchcraft in Europe, 400-1700: A Documentary History." University of Pennsylvania Press.

Levack, B. P. 2013. "The Oxford Handbook of Witchcraft in Early Modern Europe and Colonial America." Oxford University Press.

Linder, D. 2013. Poison of ancient Rome. In C. F. George Ed. The Oxford Handbook of Medicine. Oxford: Oxford University Press.

Lindow, J. 2002. Norse Mythology: A Guide to Gods, Heroes, Rituals, and Beliefs. Oxford University Press.

Lovell, A. 2021. "Fear of Poisoning: A Study of Historical and Contemporary Concerns." Journal of Toxicological Studies.

Mackessy, S. P. 2010. Handbook of Venoms and Toxins of Reptiles. CRC press.

MacKillop, J. 2004. A Dictionary of Celtic Mythology. Oxford: Oxford University Press.

March, J. 2014. The Penguin Book of Classical Myths. London: Penguin.

Maudsley, G. 2017. "Poisoners in History: A Study in Forensic Medicine." Routledge.

Mayor, A. 2010. The Poison King: The Life and Legend of Mithradates, Rome's Deadliest Enemy. Princeton University Press.

Mayor, A. 2010. The Poison King: The Life and Legend of Mithradates, Rome's Deadliest Enemy. Princeton University Press.

Mayor, Adrienne. 2010. "The Poison King: The Life and Legend of Mithradates, Rome's Deadliest Enemy." Princeton University Press.

Mebs, Dietrich. 2002. "Venomous and Poisonous Animals: A Handbook for Biologists, Toxicologists and Toxinologists, Physicians and Pharmacists", CRC Press,

Meixner, D., et al. 2005. "Mushroom Poisoning by Gyromitra Species". Forensic Science International.

Orchard, A. 1997. Cassell's Dictionary of Norse Myth and Legend. Cassell.

Principe, L. M. 2012. "The Secrets of Alchemy." University of Chicago Press.

Rácz, Lajos. 2018. "Toxicology in the Middle Ages and Renaissance." Academic Press.

Shakespeare, W. 1597. Romeo and Juliet. Thomas Creede.

Shakespeare, W. 1603. Hamlet.

Shakespeare, W. 1606. Macbeth.

Shakespeare, William. 1597. "Romeo and Juliet,"

Shakespeare, William. 1603. "Hamlet."

Somerset, A. 2003. The Affair of the Poisons: Murder,

Infanticide, and Satanism at the Court of Louis XIV. St. Martin's Press.

Somerset, A.2003. The poisoned case: Murder, infanticide, and satanism at the court of Louis XIV. St. Martin's Press.

Strathern, A. 2004. Poisonous words: witchcraft, oral texts and chains of meaning.

Taube, K. A. 1993. Aztec and Maya Myths. University of Texas Press.

The Foundations of Buddhism

The Holy Bible, New International Version

The Holy Qur'an

Turner, N. J., & Szczawinski, A. F. 1991. Common Poisonous Plants and Mushrooms of North America. Timber Press.

Turner, N. J., & Szczawinski, A. F. 1991. Common Poisonous Plants and Mushrooms of North America. Timber Press.

Vogue, "Alexander McQueen: Poison in Fashion,"

Warner, E. 2002. Russian Myths. British Museum Press.

White, J. 1995. Venomous Animals: Clinical Toxinology. University of Adelaide Press.

Zug, K. 2017. "The Poisoner's Handbook: A History of the World's Most Notorious Poisons." Bloomsbury Publishing.

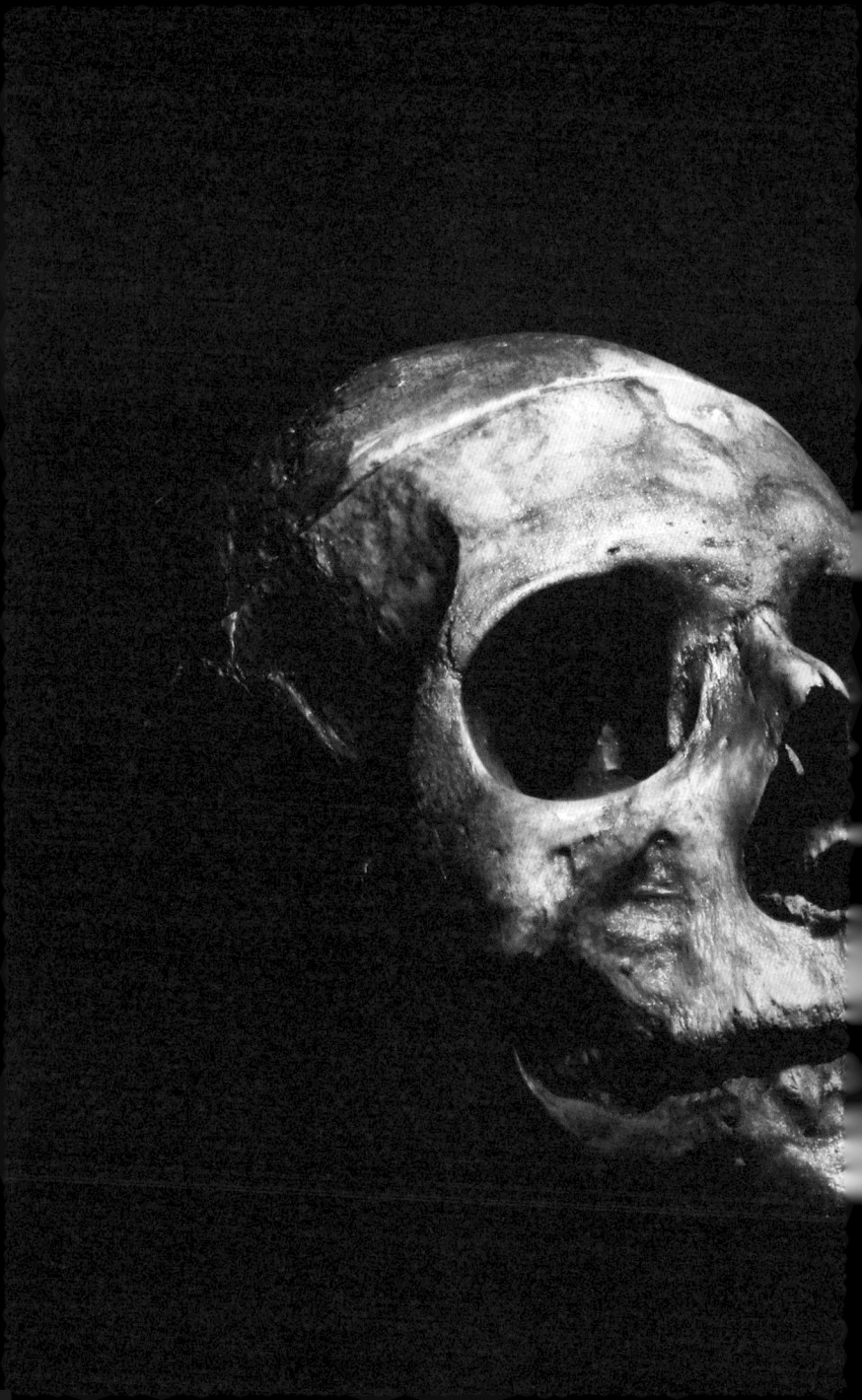

독;
세상에서
가장
은밀한
계략

독

세상에서 가장 은밀한 계략

1판 1쇄 발행일 2023년 9월 6일
1판 2쇄 발행일 2024년 3월 6일

지은이 트립풀 편집팀

발행인 최진
발행처 트립풀
출판등록 제 2022-000066호 (2022년 9월 23일)
주소 경기도 화성시 정남면 세자로 265-10
전화 010-4494-4450
홈페이지 tripfull.kr

편집 홍총총 **디자인** 알쓸팩토리
인쇄·제본 상지사P&B

ⓒ 트립풀, 2023

ISBN 979-11-984186-0-9 03380

값은 뒤표지에 있습니다.
이 책은 저작권법에 따라 보호받는 저작물이므로 무단 전재와 무단 복제를 금합니다.
이 책의 전부 또는 일부를 이용하려면 반드시 저자와 트립풀의 동의를 받아야 합니다.
잘못된 책은 교환해 드립니다.